Le Temps des Amours

Souvenirs d'enfance

Marcel Pagnol

de l'Académie française

Le Temps des Amours

Souvenirs d'enfance

Postface
de
Bernard de Fallois

France Loisirs

123, boulevard de Grenelle, Paris

Edition du Club France Loisirs, Paris
avec l'autorisation des Editions Julliard

ISBN 2-7242-0312-7

Le lecteur trouvera ici tous les chapitres que Marcel Pagnol avait écrits pour composer le Temps des Amours, *et qui ont été retrouvés dans ses dossiers après sa mort.*

Les dates, les circonstances et l'histoire de leur rédaction ont été mentionnées en fin de volume.

Marcel Pagnol avait un souci très vif de la perfection. Nous savons qu'il envisageait de compléter cet ouvrage. Il est probable qu'il aurait apporté des retouches à quelques-uns de ces textes. Pour les autres — les plus nombreux —, il est sûr qu'il les considérait comme ayant acquis leur forme définitive : il en avait autorisé la parution dans divers magazines.

En publiant le Temps des Amours *dans l'état où Marcel Pagnol nous l'a laissé, nous espérons combler les vœux des millions de lecteurs des « Souvenirs d'Enfance » qui attendaient ces pages avec une impatience fervente. Nous pensons ainsi apporter une contribution importante à la connaissance de l'œuvre d'un des plus grands écrivains français contemporains.*

L'éditeur.

1

La société secrète

Ce n'est que bien plus tard que je découvris l'effet le plus surprenant de ma nouvelle vie scolaire : ma famille, ma chère famille, n'était plus le centre de mon existence. Je ne la voyais qu'aux repas du soir, et quand je parlais du lycée, pour répondre aux questions de mon père ou de Paul, je ne leur disais pas tout et je parlais comme un voyageur qui raconte des histoires du Brésil ou du Canada à des gens qui n'y sont jamais allés, et qui ne peuvent pas tout comprendre.

D'ailleurs, Paul sentait bien que j'étais devenu un étranger pour lui. Il ne m'aimait pas moins, et il m'admirait davantage, mais nous ne jouions plus ensemble. Le jeudi, ses petits amis venaient à la maison, tandis que j'allais avec Lagneau et Schmidt jouer au football, ou faire de la bicyclette au parc Borély. J'avais mes secrets, et je vivais dans un autre monde, un monde dans lequel je jouais un personnage nouveau, qu'ils n'auraient certainement pas reconnu.

Quand je revois la longue série de personnages que j'ai joués dans ma vie, je me demande qui je suis. J'étais, avec ma mère, un petit garçon dévoué, obéissant, et pourtant audacieux, et pourtant faible; avec Clémentine, j'avais été un spectateur toujours étonné, mais doué d'une incomparable (je veux dire incomparable à la sienne) force physique; avec Isabelle, j'avais couru à quatre pattes, puis je m'étais enfui, écœuré... Au lycée, enfin, j'étais un organisateur, un chef astucieux, et je n'avais qu'une envie, c'était de ne pas laisser entrer les miens dans le royaume que je venais de découvrir, et où je craignais qu'ils ne fussent pas à leur place.

***

Parmi les externes, nous n'avions qu'un ami véritable : c'était Mérinos. Il était assez grand, très brun, et il portait déjà un nez assez important, qu'il disait « aquilin ». Il avait des prétentions à l'élégance, et je dois reconnaître qu'elles étaient fondées, du moins jusqu'à la fin de la première récréation.

Par la vigueur de son langage, et la richesse de son imagination malfaisante, il eût mérité une place dans notre étude, mais ce que nous admirions pardessus tout, c'était l'étendue de ses connaissances médicales.

Son père était, en effet, un docteur célèbre à Marseille, aussi connu pour la sûreté de son diagnostic que par son dévouement et sa bonté.

Il avait, naturellement, une très importante bibliothèque, et comme il était sans cesse occupé à monter et à descendre les escaliers des pauvres, son fils y puisait librement. Il lisait le soir dans son lit, avec une avidité juvénile, tout ce qui concernait les fonctions de reproduction, et il rapportait ce butin au Lycée. Il me précisa en dix minutes les modalités de ma naissance, que Lili — gardien d'un troupeau — avait vaguement esquissées en rougissant un peu, tandis que Mérinos entra dans les détails, sans rosir le moins du monde, mais en clignant de l'œil et en ricanant. Puis, à mesure que ses lectures avançaient, il nous révéla d'épouvantables maladies, et nous apporta même un jour une étonnante photographie, arrachée au Larousse médical, et sur laquelle on voyait un malheureux Abyssin qu'un éléphantiasis tropical forçait à pousser devant lui, en tous lieux, une brouette largement chargée. Cet enseignement dans la cour de l'externat nous fut extrêmement profitable : je déclare qu'au point de vue des connaissances utiles je dois plus à Mérinos qu'à mes professeurs de Grammaire comparée, qui m'enseignèrent pourtant le Saxon médiéval de la Bible d'Ufilas.

***

Cette année de sixième ne fut marquée d'aucun autre événement considérable, si ce n'est la fondation d'une Société Secrète, qui n'avait d'ailleurs pas d'autre but que de rester secrète, et qui n'était pas née d'une révolte, ni d'une doctrine, mais d'une circonstance tout à fait fortuite.

Le père de Berlaudier était un importateur de moka, et il vendait ce précieux café dans de petits sacs de papier, fermés par une agrafe en fer-blanc découpé : elle avait la forme d'un trèfle à quatre feuilles, revêtu d'un émail rouge merveilleusement brillant.

Berlaudier avait « chipé » une vingtaine de ces trèfles, et il les avait apportés au Lycée sans aucune intention précise quant à leur utilisation.

C'est à moi que revient le mérite d'avoir vu au premier coup d'œil que nous devions fonder la Société Secrète du Trèfle Rouge, ce qui fut fait (secrètement) pendant la récréation de midi et demi.

Nous ne fûmes d'abord que quatre initiés : Berlaudier, Nelps, Lagneau et moi.

Nous commençâmes par nous piquer (avec une plume neuve) l'extrémité du majeur, et nous mélangeâmes ces quatre gouttes de sang sur le visage d'un portrait de Vercingétorix emprunté au Manuel d'Histoire de Lagneau. Puis cette feuille sacrée fut pliée en quatre, et nous allâmes la brûler dans un coin de la cour.

Je me demande aujourd'hui ce que pouvait signifier, dans notre affaire, la présence de cet Auvergnat. Sans doute avions-nous voulu rattacher notre entreprise au plus lointain passé de la patrie, tout en rendant hommage au courage malheureux. Et puis, il faut dire que Lagneau avait précisément cette page dans sa poche, et que la fondation du Trèfle Rouge en changea grandement la destination.

Nous implantâmes ensuite les rouges agrafes dans l'étoffe de nos chemises, juste au milieu de la poitrine, derrière le voile de nos blouses noires. Il fut ensuite décidé que lorsque deux initiés se rencontreraient, ils entrouvriraient leur blouse d'un geste rapide, en chuchotant : « Vercingétorix ».

Berlaudier, dont la nature était peu poétique, déclara que c'était bête de se faire des signaux de reconnaissance quand on se connaissait très bien. Nelps lui répliqua qu'une remarque pareille le ridiculisait pour toujours, et je dis (à voix basse) :

— Maintenant, nous ne sommes que quatre. Mais quand nous serons mille?

L'optimisme de cette prévision me valut d'être choisi pour Chef Suprême, et de porter deux trèfles au lieu d'un.

J'inventai le soir même une écriture secrète, composée de ronds, de triangles, de croix, de chiffres, de lettres couchées, de points d'interrogation, et de différents signes serpentiformes, et j'en donnai copie aux initiés. Nous commençâmes alors à nous envoyer des messages, par le procédé de « Fais passer ». C'est-à-dire que je confiais le message plié en quatre à Rémusat, en disant à voix basse : « Fais passer à Berlaudier. » Il le donnait à Schmidt, qui était assis devant lui. Schmidt le passait à Beltrami, qui le remettait enfin au destinataire. Mais ces serviables transmetteurs ne manquaient pas de déplier au passage notre dépêche, d'examiner ces hiéroglyphes avec le plus vif intérêt, parfois teinté d'incrédulité. Quand enfin le message arrivait à Berlaudier, les transmetteurs le regardaient lui-même, curieux de savoir ce qu'il allait faire.

Berlaudier s'assurait d'abord que l'attention de M. Payre était fixée ailleurs (c'est-à-dire sur son journal). Il ouvrait ensuite la dépêche, et paraissait la déchiffrer au premier coup d'œil. Alors, il se tournait vers moi, et gravement, d'un signe de tête, il accusait réception de l'ordre du Chef Suprême.

Ces manigances — répétées en classe et en étude — excitèrent bientôt la curiosité de tous nos condisciples. Nous en fûmes ravis, car quel eût été l'intérêt d'une société secrète, dont personne n'eût connu la secrète existence ? Ce qu'il fallait garder rigoureusement secret, c'était le but de nos activités : ce fut assez facile, car nous n'en avions pas.

Mérinos, le premier, sollicita son admission. Sa candidature fut longuement examinée et, quoique externe, il fut initié. Sur la proposition de Nelps, nous acceptâmes Valabrègue, qui était lui aussi externe, mais en sixième B 2 : il me sembla qu'il était de bonne politique d'avoir des « intelligences » dans cette classe lointaine, qui siégeait tout à fait au fond de la galerie.

Tous les samedis, chaque initié me remettait un rapport — en hiéroglyphes — sur les événements de la semaine. J'en faisais un résumé, que je lisais au Grand Conseil, pendant la récréation de quatre heures.

Nous fûmes bientôt une vingtaine, répartis dans les cinq classes de sixième. Un grand nombre d'externes firent des bassesses pour obtenir l'initiation : caramels mous, berlingots, timbres rares, billes d'agate. Ces présents corrupteurs étaient refusés avec mépris.

Cependant, j'eus bien tort lorsque je repoussai la candidature de Carcassonne, parce qu'il avait fait un croc-en-jambe à Lagneau, qui descendait en courant l'escalier des classes de dessin.

Ce fut notre perte : car si le père de Berlaudier utilisait les trèfles rouges, c'était le père de Carcassonne qui les fabriquait par millions. Ce traître n'en avait rien dit, car il méditait sa vengeance.

Il apporta un jour une poignée de ces mystérieux insignes, et les distribua en secret à toutes sortes d'individus de sixième et de cinquième; si bien qu'en arrivant à la récréation de huit heures moins le quart, dans la cour de l'externat, le Grand Conseil perdit la face : trente imbéciles, un trèfle rouge à la boutonnière, imitaient d'une façon grotesque nos signaux de reconnaissance.

Puis Carcassonne, devant un demi-cercle ricanant, me remit solennellement un carré de carton couvert d'hiéroglyphes, et fit savoir à tout le monde qu'il m'apportait le bonjour de Vercingétorix, ce qui provoqua un ouragan de cris et de huées.

Je lui répondis par un excellent coup de pied sur le tibia, tandis que Lagneau lui crachait au visage. Alors les initiés se rangèrent autour de moi, et une grande et belle bataille allait commencer, quand le tambour de Waterloo sonna la retraite générale...

C'est ainsi que la Société Secrète du Trèfle Rouge, après une glorieuse prospérité de six semaines, sombra dans la publicité, puis dans l'oubli.

2

L'affaire des Pendus

C'est sans la moindre inquiétude, mais au contraire avec une véritable joie que je quittai la maison, un matin d'octobre, pour la rentrée au lycée, où j'étais admis en cinquième A2. Personne ne m'accompagnait : le cartable au dos, les mains dans les poches, je n'avais pas besoin de lever la tête pour regarder le nom des rues. Je n'allais pas vers une prison inconnue, pleine d'une foule d'étrangers : je marchais au contraire vers mille rendez-vous, vers d'autres garçons de mon âge, des couloirs familiers, une horloge amicale, des platanes et des secrets. J'enfermai dans mon casier la blouse neuve que ma mère avait préparée, et je revêtis la loque de l'année précédente, que j'avais rapportée « en cachette » : ses accrocs, et la silencieuse mollesse du tissu devenu pelucheux marquaient mon grade. Mon entrée dans la cour fut triomphale : je n'étais plus le « nouveau » dépaysé, immobile et solitaire, qui tourne la tête de tous côtés, à la recherche d'un sourire, et peut-être d'une amitié : je m'avançai dans ma blouse en loques et, aussitôt, Lagneau, Nelps et Vigilanti s'élancèrent vers moi en poussant des cris : je leur répondis par des éclats de rire, et Lagneau se mit à danser de joie ; puis nous courûmes tous ensemble à la rencontre de Berlaudier ; il rapportait de la montagne des joues énormes sous des yeux à peine fendus ; et les manches de sa blouse n'arrivaient plus qu'au milieu de ses avant-bras. Pour commencer l'année scolaire, il tira de sa poche une bombe japonaise et la lança adroitement entre les pieds d'un « nouveau » qui lui tournait le dos : celui-ci fit un bond de cabri, comme soulevé par l'explosion, et prit la fuite, sans oser regarder en arrière avant d'avoir atteint le fond de la cour... Alors, nous allâmes nous asseoir sur le banc du préau, et nous commençâmes nos bavardages.

Cette année de cinquième s'annonçait plaisante car nous avions fondé de grands espoirs sur le fait que nous allions la passer chez M. Bidart, dont la classe était une pétaudière. Quand on passait devant sa porte, on entendait des cris, des mugissements, parfois des chœurs, et de tels orages de rires que les plus sages mouraient d'envie d'y participer. Un jour, même Berlaudier n'avait pu résister à la tentation. Louchant, boitant et bégayant, il s'y était présenté comme un nouveau, et l'innocent Bidart l'avait inscrit sous le nom de Patureau Victor, venant du collège du Sacré-Cœur de Palavas-les-Flots. Pendant plus d'une heure le nouveau s'était livré à de telles excentricités qu'à travers la cloison on entendait rugir toute la classe ; tant et si bien que Bidart finit par le mettre à la porte avec une consigne du dimanche, dont la feuille exécutoire cherche peut-être encore à joindre Patureau Victor.

Nous étions donc charmés par la perspective de passer une année entière au paradis des cancres : Lagneau et Berlaudier s'y étaient d'ailleurs préparés, et je les vis décidés à créer l'ambiance dès le premier jour. Berlaudier avait dans la poche quatre « pierres de la Martinique », qui étaient de petits galets revêtus d'une couche de phosphore. En les faisant rouler sur le parquet, ces pierres diaboliques lançaient des gerbes de crépitantes étincelles. Il avait aussi du « fluide glacial », dont il espérait rafraîchir la chaise de Bidart, et un petit soufflet de cuir pour appeler les grives qui gazouillait à la moindre pression. Lagneau, de son côté, me montra une très grosse boîte d'allumettes, qu'il appliqua contre mon oreille : j'entendis des grattements, puis de petits chocs très secs. Ils étaient dus à deux criquets qu'il avait rapportés de la campagne, et qu'il se proposait de lâcher en classe, après les avoir convenablement imprégnés d'encre. Nous allions débuter par un véritable festival au cirque Bidart, et je fus tout honteux de n'avoir apporté rien d'autre que ma bonne volonté.

Quand le tambour roula pour la première fois de l'année, au lieu de courir comme les « nouveaux » (ou comme eussent fait des externes), nous restâmes assis, avec la plus sereine indifférence, pour marquer notre qualité de vétérans. Ce n'est qu'après le dernier coup de baguette que nous partîmes, d'un pas nonchalant, vers l'étude.

Nous devions rester, une année encore, sous la garde de M. Payre et nous le retrouvâmes avec plaisir.

Il nous fit un beau sourire, avant de mugir pour la première fois :

— Que c'est long, messieurs, que c'est long !

A notre grande indignation, nous découvrîmes que deux nouveaux — des inconscients — s'étaient installés à nos places ! Avec une autorité souveraine, nous les chassâmes sans mot dire, en les prenant par le collet pour les extraire de notre banc.

Puis, tandis que M. Payre prononçait son petit discours de rentrée (il me sembla que je l'avais déjà entendu dix fois) nous commençâmes nos bavardages.

Schmidt nous montra un sifflet de bois à deux sons, qui imitait à s'y méprendre (nous dit-il) le chant du coucou, et qu'il avait rapporté de Suisse à l'intention de Bidart, tandis que Vigilanti ouvrait une boîte de punaises, aussi grosses que des clous de tapissier : « A l'usage des externes », dit-il, car il avait l'intention de les aligner sur leurs bancs, la pointe en l'air.

Enfin, nous montâmes vers l'externat, déjà si excités que Poil d'Azur lui-même s'en aperçut, et qu'il arrêta la colonne pour remettre de l'ordre dans les rangs.

Nous arrivâmes ensuite devant la porte de la cinquième A2, voisine de notre ancienne classe : les externes étaient déjà entrés, et l'on n'entendait aucun bruit. Lagneau fit tourner le bouton de cuivre, et fit brusquement un pas en arrière.

— Ce n'est pas ici, dit-il. C'est la sixième.

Mais la voix de Socrate retentit soudain :

— Entrez, messieurs !

Il parut lui-même sur la porte, salua Poil d'Azur

d'un signe de tête, et répéta avec un peu d'impatience :

— Entrez !

Nous entrâmes, consternés, pendant qu'il remontait à sa chaire.

Alors, quand nous eûmes pris place, il dit, en lissant sa belle barbe, et en souriant largement :

— Messieurs, j'ai moi aussi franchi la barrière des examens de passage : c'est-à-dire que mon collègue et ami M. Bidart ayant atteint l'âge de la retraite, Monsieur le proviseur a bien voulu me confier cette classe de cinquième, où j'ai le plaisir de vous retrouver. J'espère que ce plaisir est partagé, sinon par tous, du moins par ceux d'entre vous qui ont l'intention de travailler cette année.

Les externes du premier banc lui répondirent par des murmures de bonheur, et des sourires d'une oreille à l'autre. Cependant, Zacharias laissa tomber sa tête entre ses mains, tandis que Lagneau répétait à voix basse, à une vitesse prodigieuse, le mot de Cambronne.

Sur quoi Socrate, ouvrant un cahier cartonné, déclara :

— Avant d'attaquer le *De Viris Illustribus Urbis Romae*, nous allons commencer cette année scolaire sous le signe de l'ablatif absolu.

Cependant, Berlaudier n'osait pas bouger de peur d'entrechoquer les terribles pierres de la Martinique, et, dans la poche de Lagneau, j'entendais les criquets captifs ronger la boîte d'allumettes.

La persistance de Socrate était aggravée par le

fait que nous gardions aussi Pitzu, notre professeur d'anglais, Pétunia, le mathématicien, et M. Michel, à peine changé par le fait qu'au lieu de nous parler de pharaons et d'obélisques il essaya de nous intéresser à cet absurde Romulus, qui, après avoir tété une louve aux crasseuses mamelles, assassina son frère pour fonder l'Empire romain, et encombrer les programmes de l'enseignement secondaire.

Par bonheur, il nous restait aussi Tignasse, chez qui tout le matériel du festival Bidart fut utilisé dans l'après-midi. Sans lui, cette année de cinquième, si pareille à celle de sixième, ne m'aurait laissé aucun souvenir digne d'être rapporté : c'est en effet dans sa classe que commença l'affaire Lagneau, car elle sortit directement de l'affaire des Pendus.

Il faut d'abord donner au lecteur quelques explications techniques. Lagneau, qui avait « un joli coup de crayon », dessinait un portrait en pied de l'un de nos professeurs, portrait vigoureusement colorié, et qui remplissait toute une page de cahier. Puis, il le découpait fort habilement au moyen d'un grattoir.

Pendant ce temps, Berlaudier mastiquait du papier buvard, pour en faire une pâte gluante. Grâce à la puissance de ses mâchoires de goinfre, et à la visqueuse abondance de son écumante salive, il nous fournissait en quelques minutes une noix de pâte homogène et collante à souhait. J'y noyais alors la moitié d'une allumette ; elle servait d'ancrage à un morceau de fil, au bout duquel j'avais préparé un nœud coulant. J'y glissais la tête du portrait découpé, qui se trouvait ainsi pendu par le cou. J'attendais ensuite que Tignasse me tournât le dos, et, d'un geste rapide, je lançais la boulette vers le plafond : elle y restait collée, et le pendu se balançait gracieusement chaque fois qu'on ouvrait la porte.

C'est Tignasse que nous pendîmes le premier, mais il ne daigna pas s'en apercevoir, et nous le retrouvâmes le surlendemain, aérien, et folâtrant au bout de son fil. Nous exécutâmes alors le concierge, puis Pétunia, M. Michel, Poil d'Azur, le surveillant général, et même le censeur de l'internat. C'est la crainte qui nous empêcha de pendre le proviseur, mais c'est par amitié que je refusai d'exécuter Pitzu, ainsi que M. Payre.

Ce jeu était amusant, mais il eut peu de retentissement, par la carence de Tignasse. De plus, au bout de trois semaines, les pendus disparurent tour à tour, à mesure que séchait la pâte Berlaudier : nous renonçâmes à l'espoir de suspendre au plafond une galerie complète, et ce jeu fut abandonné.

Trois mois plus tard, Socrate se mit à me persécuter. Parce que j'avais fait imprudemment quelques bonnes réponses, il dévasta ma tranquillité, me réclama chaque matin ma leçon de grammaire ou de récitation, et me posa des questions en classe avec une persévérance si insolite que Lagneau en était indigné et que Zacharias lui-même s'apitoyait sur mon sort. J'essayai de décourager le tourmenteur par des réponses idiotes ; un jour qu'il me priait de lui donner un exemple d'ablatif absolu, je lui offris « *Subito presto* », ce qui me valut les ricanements de quelques externes et une version supplémentaire de trois paragraphes du *De Viris Illustribus*.

Mais, loin de se décourager, ce bourreau continua ses attaques, si bien que j'en rêvais la nuit et que je résolus de me venger.

Un matin, je prévins Lagneau et Berlaudier que j'avais décidé de pendre Socrate dans sa propre classe, et je priai Lagneau de me le dessiner en étude, et aussi ressemblant que possible.

Il parut effrayé par l'audace de mon entreprise, mais Berlaudier s'écria :

— Il a raison ! Socrate lui fait la chasse à l'homme, il ne peut plus supporter ça sans rien dire !

— Et s'il attrape une retenue?

— S'il le fait comme d'habitude, Socrate n'y verra rien.

— Mais si quelqu'un le dénonce?

— D'abord, tous les cafards du premier rang ne le verront pas, et au dernier rang il n'y a que des types bien. Et puis, finalement, s'il a une retenue, ça lui fera honneur. Depuis qu'il est au lycée, il n'a jamais été collé. Pour un demi-pensionnaire, c'est plutôt moche. Dessine Socrate, et fais-lui une longue langue, bien gonflée et toute bleue, ça lui fera les pieds !

L'artiste demanda un délai de vingt-quatre heures, sous le prétexte qu'il n'avait pas apporté ses crayons de couleur. En réalité, il voulait me donner le temps de réfléchir. Mais Berlaudier lui offrit aussitôt une boîte d'aquarelle, et Lagneau dut se mettre au travail.

Il prépara le dessin pendant la classe de mathématiques, et le coloria amoureusement pendant la récréation de midi et demi : mais il refusa d'extérioriser la langue de Socrate qui eût caché sa belle barbe blonde et l'eût rendu méconnaissable. Berlaudier admit ce scrupule d'artiste et n'insista pas, et, pendant l'étude de l'heure et demie, il commença la mastication d'une feuille de buvard de première qualité.

C'est à trois heures moins le quart, pendant que le carillon sonnait ses douze coups, que Socrate quitta sa chaire, et, la craie en main, nous tourna le dos pour écrire sur le tableau noir une phrase latine.

J'étais tout prêt.

Sans le quitter des yeux, d'un geste vif — et peut-être gracieux — je lançai vers le plafond la boule collante dans laquelle Berlaudier avait mis toute son amitié. Sans lever les yeux, j'entendis le « tchick » de l'impact ; mais j'entendis en même temps, derrière moi, un faible cri : cet imbécile de Zacharias, que j'avais eu le tort de ne pas prévenir, n'avait pu maîtriser la terreur que lui inspirait le voisinage d'un tel exploit. Socrate avait l'oreille fine : il entendit le « tchick » et le cri, et se tourna brusquement vers nous. J'avais déjà baissé la tête, et j'écrivais sagement, avec une petite grimace d'application. J'attendais l'événement : mais pendant trente secondes rien ne troubla le noir silence.

Lagneau était doué de la double vue : je veux dire qu'il pouvait voir Socrate tout en paraissant regarder son cahier. Il chuchota :

— Attention. Il a vu le pendu.

J'entendis alors de faibles murmures, et je sentis que ceux des premiers bancs tournaient la tête vers nous. J'écrivais toujours fort gravement... Mais un choc mou frappa le sommet de mon crâne, et la classe éclata de rire; Lagneau murmura : « Fatalitas ! ». Le buvard avait peut-être été trop bien mâché, ou la boulette était trop grosse, ou le plafond vraiment trop crasseux : en tout cas, l'équipage venait de me retomber sur la tête, et le Socrate en papier flottait devant mon nez.

Je le pris aussitôt, et je le regardai avec surprise comme si je ne l'avais jamais vu. Puis, dans un mouvement d'indignation, je le froissai entre mes doigts, lorsque le vrai Socrate, celui de l'ablatif absolu, m'arrêta d'un geste impérieux.

— Halte là, monsieur. Apportez-moi immédiatement ce que vous tenez à la main.

D'un pas d'automate, j'allai jusqu'à l'estrade. J'essayais de croire que je n'étais pas encore perdu.

Socrate prit la boule de papier, et la déplia fort délicatement, tandis que la pâte Berlaudier tombait en étoile à ses pieds. Il dit alors :

— C'est évidemment une représentation de ma personne. La barbe est assez ressemblante, et le bleu des yeux est flatteur.

La classe éclata de rire, et je fis un effort pour participer à la gaieté générale, comme si je n'avais aucune responsabilité dans cette affaire.

Mais Socrate poursuivit :

— Cependant, il s'agit d'une offense personnelle

et l'intention du coupable doit être punie. Je ne l'ai pas vu agir. (Il se tourna vers moi.) Mais il est fâcheux pour vous que cette caricature soit tombée sur votre tête, car il me semble évident qu'elle a suivi dans sa chute le chemin de son ascension. Cette constatation vous désigne comme son propulseur.

La classe éclata de rire de nouveau. Les mains croisées sur mes fesses, je baissai la tête et je restai muet.

— De plus, continua Socrate, vous m'avez paru fort désireux de détruire cette œuvre d'art. Enfin, vous n'avez pas eu l'audace de pousser le cri de l'innocence. Ce ne sont là que des présomptions, mais si fortes que je n'hésite pas à vous déclarer coupable, et je dois vous punir comme tel.

Il prit le pendu par la corde et le tint un instant à hauteur de ses yeux.

— Vous aviez jugé mon cas pendable : je serai moins sévère avec vous, et je me contenterai de vous infliger deux heures de retenue pour jeudi prochain. Et d'autre part, comme il me semble que vous avez besoin d'une petite méditation sur le respect dû à vos maîtres, vous irez finir la matinée à la permanence, où vous trouverez un climat tout à fait propice à la réflexion. Je vais vous donner votre passeport.

Il prit place à la chaire, écrivit trois lignes sur une feuille de papier qu'il me tendit. Je retournai à mon banc prendre mes livres et cahiers. Lagneau était tout pâle, mais Berlaudier me fit un clin d'œil joyeux... Dans un silence épouvantable, je sortis.

Des moineaux picoraient dans la cour déserte et

la longue galerie était vide à perte de vue. Je m'arrêtai derrière une arcade, et je dépliai la feuille de condamnation. Je lus, sous mon nom, cette phrase : « A tenté de coller au plafond une caricature de son professeur. »

Ce n'était que la vérité, je n'avais pas le droit de me plaindre, et je repris mon voyage solitaire : en passant devant les fenêtres des classes, je voyais derrière les vitres des élèves qui me saluaient d'une grimace ou d'un pied de nez.

Je pensai tout à coup que je risquais de rencontrer le surveillant de l'externat, le dangereux Oiseau Funèbre. Puis je haussai les épaules, et je dis tout haut : « Qu'est-ce qu'il pourrait me faire de pire? » Je me sentais au fond du malheur scolaire, et la grandeur de la catastrophe désarmait non seulement le destin, mais l'Oiseau Funèbre lui-même : j'étais donc aussi invulnérable qu'un mort.

Je marchai donc vers la permanence. C'était une sorte d'entrepôt de condamnés, d'expulsés, d'apatrides. Je n'y étais encore jamais entré, mais, quand nous allions à la classe de dessin, nous passions devant cette porte. Elle était étroite et haute, à deux battants. Un jour, j'en avais vu sortir une file d'élèves de tous âges : non pas dans une jaillissante évasion la bouche entrouverte sur des cris de joie, mais au pas lent des pénitents de processions, les uns mornes, d'autres farouches, d'autres sombrement ricaneurs...

J'hésitai un moment devant cette porte fatale. Je respirai profondément plusieurs fois, je boutonnai ma blouse, et d'une main un peu tremblante, je l'ouvris.

Au fond d'une salle étroite et longue brillait une haute fenêtre devant laquelle se découpait à contre-jour la silhouette d'un homme assis, penché sur une large table d'un noir funèbre. A ma droite, un mur nu. A ma gauche, deux longues rangées de pupitres, déjà garnis de délinquants.

Je m'approchai de l'homme assis, et je vis qu'il recopiait, sur des feuilles individuelles, les condamnations portées sur un immense registre pénitentiaire, étalé grand ouvert à sa gauche. Devant lui, rangés en éventail, les bulletins de retenue qu'il venait de remplir et qui seraient distribués le mercredi suivant. Il préparait, sans émotion apparente, ces détonateurs des colères paternelles, et son visage glabre gardait la froide majesté des juges infernaux.

Il me regarda sans surprise et dit tout d'un trait :

— Nom, prénom, classe, professeur.

Je répondis à ces questions d'une voix que je ne reconnus pas, et je lui tendis le message de Socrate.

Il le lut, hocha la tête, et, sur la page de l'immense registre pénitentiaire qui était ouvert devant lui, il coucha mon nom tout raide dans la première colonne. Dans la seconde, il dessina fort élégamment cinquième A2, dans la troisième il calligraphia Lepelletier. Enfin, dans la quatrième (la plus large) il transféra le motif.

Il avait une belle écriture.

Sans lever la tête, il dit : « Allez vous asseoir », et il se remit à son travail.

J'allai m'asseoir au second rang, à côté d'un « grand » qui était sans doute un élève de seconde. J'ouvris mon *Epitome*, et je regardai autour de moi.

Mes compagnons d'infortune étaient de toutes tailles : des grands, des moyens, des petits, mais tous égaux dans le malheur... Pénétrés par la sévérité du lieu, ils s'acharnaient en silence sur le devoir qu'ils n'avaient pas fait, la leçon qu'ils n'avaient pas sue, ou méditaient humblement sur les terribles conséquences de la mauvaise conduite, si bien que ce congrès de cancres, de révoltés et de farceurs, réunis par la paresse, l'insolence et le mensonge, avait l'air d'une académie de prix d'excellence. De temps à autre, la porte s'ouvrait et nous levions discrètement la tête pour voir entrer le nouvel apatride...

Il refermait la porte comme d'une chambre de malade, et s'avançait sur la pointe des pieds pour subir le bref interrogatoire : puis, dûment écroué, il venait s'asseoir parmi nous, dans un silence mortuaire.

Le seul événement qui troubla notre paix laborieuse fut l'entrée d'une jeune erreur judiciaire. Ça fait du bruit, les innocents. Ça proteste, ça crie, ça pleure, ça renifle, et ça n'a jamais de mouchoir. Le nôtre (un petit rouquin de sixième) alla jusqu'à trépigner, si bien qu'il finit par mériter les deux heures que le noir professeur de silence lui assena pour son propre compte... Alors l'innocent — enfin coupable — perdit le sentiment de l'injustice : il se tut, ravala ses larmes, et vint s'asseoir parmi les damnés méprisants.

Socrate avait eu bien raison de me dire que ce lieu favorisait la méditation. Mais la mienne n'eut point pour sujet le respect dû aux professeurs : je me reprochais amèrement d'avoir manqué mon coup, et je passais en revue toutes les façons de le réussir. La meilleure eût été de demander à M. Payre, pendant l'étude du soir, l'autorisation de remonter à l'externat, sous le prétexte d'aller chercher un livre ou un cahier volontairement oublié sur mon banc. Dans la classe déserte, j'aurais pu lancer mon pendu juste au-dessus de la chaire, ou peut-être à la verticale de Picot, notre prix d'excellence : j'aurais attendu quelques minutes pour m'assurer qu'il était bien accroché. Ainsi Socrate n'aurait pu me soupçonner — et comme il n'aurait pu le faire tomber, faute d'une baguette assez longue, il aurait peut-être fait appeler le concierge, ou même le surveillant général, et on aurait bien rigolé, ou alors, il aurait feint de ne pas le voir, et le pendu aurait tourné sur lui-même pendant deux heures, et Socrate énervé aurait peut-être confondu un ablatif absolu avec un participe futur... Mais voilà, c'était trop tard : j'avais encore de la pâte Berlaudier dans mes cheveux, et j'étais à la permanence... Ainsi doivent méditer les criminels dans leur prison, en consacrant leurs heures d'inaction forcée au perfectionnement de leur technique...

Je m'accusais donc, non pas de mon crime, mais de mon incapacité à le commettre, et je rendais ma sottise responsable de mon triste sort.

Je n'étais absolument pas effrayé par l'idée que je devais rester au lycée, le jeudi suivant, de huit heures à dix heures du matin. Lagneau, qui fréquentait souvent ces réunions de cancres, m'en avait fait un tableau plaisant. A la chaire, un « pion » parcourait des journaux pendant que les condamnés lisaient ouvertement n'importe quoi ou bavardaient à voix basse. Je ne redoutais nullement cette épreuve ; d'autre part, je trouvais que Berlaudier avait raison, et qu'un demi-pensionnaire qui n'avait jamais été puni était comme un officier qui n'est jamais allé à la guerre. Mais ce qui m'inquiétait, c'était Joseph. Je le voyais déjà pâlir lorsque je lui montrerais le bulletin, sur lequel il lui faudrait poser sa signature déshonorée... Il allait me reprocher mon ingratitude envers la généreuse République, qui m'avait donné une bourse et, tout en parlant, il se mettrait en colère, et ça finirait par une paire de gifles. Paul allait pleurer, ma mère m'apporterait mon dîner dans ma chambre, et Joseph aurait de la peine. Évidemment, cette catastrophe était encore lointaine. Nous étions vendredi, il me restait donc presque six jours jusqu'au fatal mercredi soir, quand viendrait l'heure où il faudrait tout dire à la maison. Mais quelles journées j'allais traverser jusque-là !... J'essayai de faire des plans.

Je pourrais, par exemple, confier mes soucis à ma mère, afin qu'elle préparât Joseph. Moi-même, à table, je parlerais des innombrables retenues que je voyais tomber tous les jours autour de moi, et je dirais : « Je me demande pourquoi je n'ai pas encore été collé. » Puis, j'expliquerais que, souvent, des innocents étaient punis, mais que c'était une loi du lycée de ne jamais dénoncer le vrai coupable, sous peine de déshonneur... Naturellement, j'attribuerais mon exploit à Berlaudier et je raconterais la chose en riant, ce qui ferait rire le petit Paul, puis ma mère, et — qui sait? — peut-être Joseph? Quoique ce plan me parût très astucieux, j'en fis immédiatement un autre, car la peur faisait bouillonner mon imagination.

N'était-il pas possible, en cinq jours, d'obtenir le pardon de Socrate, et l'annulation de la retenue? Comment? En apprenant les règles de l'ablatif absolu. J'y travaillerais le jour et la nuit, j'irais demander l'aide de l'oncle Jules, et je ferais en classe des réponses si brillantes que Socrate, touché en son point sensible, déchirerait lui-même le fatal bulletin... Je fus un moment ragaillardi par ces rêveries : mais je vis tout à coup que le sombre greffier en était arrivé aux dernières lignes du registre et, au coup d'œil qu'il me jeta, je compris qu'il rédigeait ma condamnation.

Quand il eut fini, il me fit signe de m'approcher et me dit à voix haute :

— Deux heures, pour un motif pareil, ce n'est pas grand-chose. Ça mérite une consigne entière, et il est bien probable que monsieur le censeur rectifiera ! J'aime mieux vous en avertir. Allez vous asseoir.

Mes plans et mes espoirs s'effondrèrent. Je sentis que j'étais perdu et mon menton se mit à trembler.

C'est alors que la porte s'ouvrit, et que Lagneau

parut. Il portait ses livres sous son bras gauche et une feuille de papier dans sa main droite.

Sans hésitation ni humilité, il referma la porte d'un coup de coude, s'avança jusqu'au bureau, mit la feuille de papier sous le nez du scribe, me chercha du regard et me fit un joyeux clin d'œil. Je pensais qu'il avait fait ouvertement quelque sottise afin de venir me tenir compagnie : c'était encore plus beau.

Le surveillant, après avoir lu le nouveau message de Lepelletier — qui me parut plus long que le premier — leva les yeux vers Lagneau.

— Alors, c'est vous qui avez lancé votre professeur au plafond ?

— Oui, m'sieu, dit Lagneau, c'est moi.

L'émotion m'étouffait. Mes compagnons de captivité avaient levé la tête, incrédules et rigolards, pour regarder ce gamin de douze ans qui avouait avoir lancé son professeur au plafond.

— Et vous avez laissé punir votre camarade ?

Lagneau haussa les épaules et dit :

— Sur le moment, je n'ai pas osé me dénoncer. Et puis, j'ai réfléchi. J'ai pensé qu'il était boursier, et que ça pourrait lui faire perdre sa bourse. Alors, j'ai dit à Socrate — à M. Lepelletier — que c'était moi. Alors, il lui a enlevé sa retenue, et il m'a dit d'aller prendre sa place à la permanence. Où je m'assois ?

— Vous êtes un drôle de coco, dit le surveillant.

Lagneau haussa encore une fois les épaules, comme pour dire qu'il n'y pouvait rien.

Le surveillant me regarda.

— Et vous ? Vous ne pouviez pas protester ?

J'étais hors d'état de répondre, j'avais des larmes plein les yeux.

— Prenez vos affaires, et retournez en classe.

Je me levai, tout tremblant. Lagneau riait de plaisir.

— Ça vous fait rire? dit l'autre sévèrement.

— Je ne ris pas, dit Lagneau. Je souris. Mais je ne le fais pas exprès.

Cependant, le surveillant déchirait une feuille de retenue et, comme je passais devant sa chaire, il m'en tendit les morceaux.

— C'est la vôtre, dit-il. Gardez ça en souvenir. Et apprenez à vous défendre dans la vie, sinon vous paierez toujours pour les autres. Allez.

J'hésitai à sortir : je ne voulais pas abandonner mon admirable ami, et j'allais demander l'autorisation de rester près de lui, ce qui eût plongé le scribe dans un abîme de perplexité, lorsque le tambour roula.

Deux ou trois délinquants se levèrent : le scribe les foudroya d'un seul regard, qui les fit retomber sur le banc. Puis, posément, il recopia sur le registre la condamnation de Lagneau, prit une règle, et barra la mienne de deux traits à l'encre rouge. On entendait passer dans le couloir les galopades de la liberté. Impassible, il referma ses cahiers, rassembla les bulletins de retenue et les mit sous clé dans un tiroir. Il toussa, se leva, prit son chapeau de feutre, qu'il brossa avec sa manche, le mit sur sa tête et marcha vers la porte, qu'il ouvrit ; mais il ne sortit pas : il y resta en sentinelle.

— Mettez-vous en rangs.

Les prisonniers s'alignèrent sur deux files, dont

le geôlier rectifia le désordre. Enfin, il dit : « Allez. »

Nous sortîmes vers la liberté.

Dans la cour, je serrai Lagneau dans mes bras :

— Tu es un chic type — mais moi, je ne devrais pas accepter.

— Toi, dit-il, une retenue, c'est une catastrophe, tandis que ça m'est complètement égal. Cette année, j'en ai eu une douzaine, plus deux demi-consignes et une consigne entière, et ça ne m'empêche pas de rigoler.

— Mais ton père, qu'est-ce qu'il dit?

Lagneau éclata de rire.

— Il ne dit rien.

Comme j'allais poser d'autres questions, Lagneau devint grave, et ajouta :

— Il ne dit rien, parce que j'ai un truc.

— Quel truc?

— Je ne te l'ai jamais dit, parce que ma mère m'avait fait jurer de ne le dire à personne... Mais il y a au moins deux ans que j'ai juré ! Alors !

Il fit un geste, comme pour dire que les serments, comme les personnes, perdaient leur force en vieillissant. Mais il en exigea de moi un serment tout neuf, et par conséquent valable.

— Si tu me jures de ne pas le répéter, je te dirai mon truc à la récréation de midi et demi, sous le préau.

C'est ainsi qu'après le serment préalable Lagneau me parla pour la première fois de sa vie privée, dans un coin du préau de la cour des petits : mais j'adopte l'opinion de Lagneau sur les serments et, comme le mien date d'un demi-siècle, c'est sans remords que je vais le trahir.

3

La tragédie de Lagneau

Lagneau était le fils unique d'un maître camionneur du port de Marseille. Ce puissant chef possédait, dans de longues écuries, une centaine de chevaux, car en ce temps-là « l'essence de pétrole » ne servait qu'à nettoyer les gants, à transformer les taches des vêtements en auréoles, et parfois à faire exploser, sous la cafetière matinale, de petits réchauds garantis sans danger. Les chevaux de M. Lagneau n'étaient donc pas encore enfermés sous un capot, mais ils trottaient au grand jour, énormes, et cachant quatre pavés sous chaque sabot. Leur maître était à leur image. Pour m'en donner une idée, Lagneau me dit :

— Tu connais la bibliothèque de l'étude? Eh bien ! chaque fois que je la vois, je pense à lui. Il est presque aussi large, un peu moins haut, et plus épais... Avec une moustache noire énorme, et tellement de poils sur les mains que des fois il les coiffe avec un petit peigne... Et en plus, une voix terrible qui lui rabote le gosier...

Ce père de la grande espèce se vantait d'avoir fait fortune à la force du poignet — ce qui n'était pas une métaphore, car il faut un poignet de fer pour conduire des attelages de trois percherons. Après plus de vingt-cinq ans de travail, et de nuits bien courtes, il avait pu faire peindre son nom, en lettres blanches, sur les trois ridelles de cinquante camions, et, au-dessous du nom, il y avait un numéro qui, par une sorte de magie, correspondait (comme un nom) à une machine téléphonique logée dans une boîte à manivelle qui était vissée contre le mur. Avec cet appareil, il était possible de parler, sans crier, à des personnes qui étaient de l'autre côté du Vieux-Port. J'en avais entendu parler, mais je ne savais pas que ça existait chez des gens comme une machine à coudre ou une cafetière. Le camionneur, assez peu instruit lui-même, croyait à la vertu des études, et il était sur ce chapitre fort sévère pour son fils. C'est pourquoi, pendant la première année de sixième, Lagneau avait reçu un certain nombre de « corrections », c'est-à-dire quelques volées de coups de canne dont la plus remarquable avait failli — selon lui — l'envoyer à l'hôpital : il me confia que sa peau en était restée zébrée de profondes cicatrices, trop mal placées d'ailleurs pour qu'il pût les montrer au lycée, même sous le préau. J'étais effrayé par la description d'aussi graves sévices, et je le regardai d'un air apitoyé : mais il cligna de l'œil et déclara :

— Tout ça, c'est du passé, ça n'existe plus, parce que ma mère et ma tante, à force de réfléchir, ont trouvé un truc formidable, et maintenant je peux m'offrir gratuitement une ou deux retenues par semaine, et j'en rigole de bon cœur ! Je vais t'expliquer le truc.

J'avais vu sa mère quelquefois, le soir, à la sortie du lycée, car elle venait l'attendre sur la petite place : mais je ne l'avais jamais approchée. Lagneau, pour d'évidentes raisons de dignité, lui avait défendu de se manifester tant qu'il était avec des camarades. Elle restait donc en sentinelle au coin de l'étroite rue Mazagran, où des dames peintes comme des poupées prenaient l'air du soir en se promenant infatigablement. Lorsque nous sortions, Lagneau feignait de ne pas la voir, et elle nous suivait d'assez loin. C'était une dame assez grosse, qui avait des chapeaux superbes (avec des fleurs et des oiseaux) et une voilette sur la figure ; mais comme ses cheveux paraissaient blancs, j'avais cru deviner que c'était sa grand-mère. Elle aurait pu l'être, car il me révéla qu'elle avait presque cinquante ans.

Cette tendre mère avait une sœur, qui était non seulement la tante mais la marraine de Lagneau. Je ne l'avais vue (de loin) qu'une seule fois, mais sa personnalité m'avait paru si remarquable que je ne l'avais pas oubliée. Elle était très grande, avec les épaules tombantes comme les bouteilles d'eau minérale, et elle faisait des gestes immenses en marchant dans la rue, au risque de gifler un passant : Lagneau me dit que c'était un « cœur d'or », ce qui m'étonna d'abord, mais je pensai ensuite que les cœurs d'or se cachent souvent dans des personnes dégingandées, comme Don Quichotte.

Ces deux femmes adoraient Lagneau, fils et neveu unique ; elles étaient révoltées et déchirées par les violences du camionneur, et quand Lagneau recevait une fessée de coups de canne, la mère mangeait son mouchoir, et la tante ne pouvait plus s'asseoir pendant deux jours.

La première année de sixième, dévastée par des retenues presque hebdomadaires, avait été pour elles un long martyre : chaque semaine n'était que l'attente du mercredi, fatale échéance de la distribution des «colles».

Ce jour-là, elles faisaient de grands efforts pour prendre quelque nourriture à midi, à la table du camionneur qui dévorait le pâté de grives, le rumsteack et le gratin dauphinois avec l'insouciance d'un ogre, et elles tremblaient à le voir prendre ainsi des forces pour la vespérale bastonnade... L'après-midi se passait en conversations dont l'optimisme était clairement démenti par les soupirs de la mère et les tics de la tante, qui pour se rassurer elle-même chantait parfois, le menton tremblant sous une voix stridente, quelque romance du temps jadis.

Enfin, vers sept heures, Lagneau arrivait. Parfois, il criait dans l'escalier :

— Ce soir, il y aura du dessert !

Alors, la joie était si grande que la tante, penchée sur la rampe, fondait en larmes, et que la mère courait prendre ses « gouttes » pour calmer les battements de son cœur. Mais quand il montait les escaliers sans rien dire et qu'il sortait de sa serviette la feuille de sa condamnation, alors, après quelques gémissantes questions, elles restaient muettes et comme frappées de stupeur, mais tressaillantes aux tintements lugubres de la pendule, qui rapprochaient le retour de l'exécuteur...

C'est pourquoi, pendant la trêve des grandes vacances, elles avaient mis au point un plan longuement mûri, pour échapper au triple martyre.

Comme la famille était au repos dans une villa près d'Allauch, la tante révéla au camionneur stupéfait qu'elle avait toujours eu la passion des excursions dans la colline, et, tous les deux jours, on la voyait partir vers les sept heures du matin, sac au dos, et le bâton ferré à la main.

Le beau-frère ne blâma point cette folie ambulatoire, et déclara qu'il était bien naturel qu'une vieille fille calmât ses nerfs d'une façon ou d'une autre, et que l'alpinisme était préférable au gigolo. Puis il s'avisa que l'air des collines ferait plus de bien au « petit » que la fréquentation des voyous du village. Lagneau fit semblant de rechigner avant de s'incliner devant le désir de son père. Il n'aimait pas du tout les excursions, mais il était dans la confidence, et il savait que ces hygiéniques promenades ne le mèneraient pas plus loin que les Quatre-Saisons, où un bistrot bien approvisionné lui servirait un plantureux repas, et où il pourrait jouer toute la journée avec des garnements de son âge.

Ce régime lui profita, et le camionneur en fut ravi : c'est pourquoi, dès la rentrée, les deux tendres friponnes proposèrent au père que ces bienfaisantes sorties fussent continuées le jeudi.

Il fronça le sourcil, et ricana :

— Le jeudi ! Dans notre famille, le jeudi, c'est le jour des retenues !

— Il n'en aura plus ! cria la tante. Jamais plus

vous n'aurez à signer de bulletins de retenue ! Jamais plus.

— Dieu vous entende ! dit le camionneur incrédule. Enfin, nous verrons...

C'est pourquoi, tous les jeudis matin, la tante-marraine, déguisée en alpiniste, venait appeler son neveu-filleul. Sous deux sacs tyroliens, qui contenaient le saucisson de l'excursionniste, l'omelette aux tomates, la côtelette crue, le pain, le gilet de laine et l'imperméable, griffant les trottoirs de leurs souliers à clous, ils partaient glorieusement pour aller purger deux heures de retenue, et parfois quatre, et parfois six... Le camionneur, comme la tante le lui avait promis, n'eut plus jamais à signer de bulletin de retenue : son épouse s'en était chargée, après un long entraînement clandestin... En arrivant au coin de la rue du Lycée, la tante s'emparait du sac de son neveu, et Lagneau, pour gagner le lieu de sa détention, patinait gaiement sur le marbre des couloirs, dont ses clous d'alpiniste tiraient des fusées d'étincelles. Libéré à midi, il allait s'installer chez sa tante, pour y déguster non pas le casse-croûte du vaillant excursionniste, mais le pilaf de moules au riz, merveilleusement safrané, puis le poulet de grain rôti à la broche, entouré de pommes soufflées ou de champignons grillés sur une braise de sarments. Il croquait ensuite le dur nougat d'Arles, mastiquait l'onctueux calisson d'Aix, et se faisait enfin la bonne bouche avec un petit verre d'une liqueur appelée « crème de cacao ».

Parfois, il lui fallait retourner au lycée pour reprendre ses fers jusqu'à quatre heures, parfois même jusqu'à six heures. Mais, le plus souvent, il passait son après-midi au parc Borély, pour y faire de la bicyclette ou du canotage. Enfin, avant de rentrer chez lui, il étudiait les cartes des excursionnistes marseillais, et choisissait l'itinéraire de l'imaginaire randonnée, afin d'être en état de répondre aux questions vespérales que posait parfois le camionneur.

Ce système fonctionnait à ravir, et le papa Lagneau était ravi lui-même de voir son fils si merveilleusement transformé par les bienfaits de l'escalade et la vertu de l'air des cimes. Bref la famille nageait dans le bonheur.

C'est ainsi que mon ami, non sans vanité, me dévoila son « truc » : je le trouvai d'autant plus admirable qu'il lui avait permis de me sauver moi-même, et je lui jurai une reconnaissance éternelle : trois mois plus tard, j'eus enfin l'occasion de la lui prouver.

C'est au mois de mars que commença l'affaire des « boules puantes ».

Ces boules n'étaient que de grosses larmes de verre, pleines d'un liquide jaunâtre, dont je sus plus tard que c'était de l'hydrogène sulfuré. Elles se brisaient au moindre choc, et empoisonnaient immédiatement l'atmosphère d'une épouvantable odeur.

Le premier lanceur de boules puantes, je veux dire le premier de cette année-là dont l'exploit eut fait quelque bruit, fut un certain Barbot, de quatrième B, qui réussit — sans le vouloir — un coup de maître, car le fragile projectile (qui ne visait rien d'autre qu'un point de chute quelconque) explosa sur le sommet du crâne de Tignasse, dont la longue chevelure en fut si merveilleusement empestée qu'il dut se résigner à la sacrifier, et à nous révéler ainsi son véritable visage, c'est-à-dire une aimable bille de clown.

Cet exploit resta anonyme, mais la gloire de Barbot fut grande chez les initiés. C'est pourquoi Soliman, un Turc de cinquième B, voulut le dépasser, par l'ingénieux emploi d'une technique nouvelle. Il l'expérimenta pendant la classe de M. Verdot, un professeur de mathématiques au visage grave et triste, dont on ne savait rien encore, car il venait d'un autre lycée. On disait que nul ne l'avait vu sourire, et on l'appelait Funérailles.

Soliman, qui semblait disposer de capitaux importants, acheta (au bazar de la rue Sibié) cinq boules puantes d'une exceptionnelle grosseur. Mais au lieu de lancer tout bêtement ces capsules (opération dangereuse, et de plus indélicate, car elle peut faire condamner un voisin innocent) il se glissa dans la classe avant l'heure, et les disposa en quinconce sous la chaire, aux endroits où Funérailles poserait probablement ses pieds, qui étaient grands.

— Comme ça, avait annoncé Soliman, c'est lui qui en profitera le premier !

Ces conjectures se révélèrent justes.

Dès que la classe fut installée, Funérailles monta prendre place à la chaire, et inaugura sa leçon par la récitation, *ex abrupto*, du théorème de Pythagore. Mais au moment même où il prononçait le fameux « si je ne m'abuse », ce clou d'or auquel reste accroché dans nos mémoires le carré de l'hypoténuse, on entendit un léger craquement, amplifié par le bois sonore de l'estrade.

Funérailles ne s'abusa pas davantage : il baissa le nez, flaira l'air et, pour la première fois, on vit paraître sur son visage le sourire émerveillé de la Pythie, car il était comme elle (ou comme un jambon fumé) juste au-dessus de la source d'un flot montant d'odorantes vapeurs. Sans hâte, et toujours souriant ineffablement, il repoussa sa chaise en arrière, regarda le plancher sous sa chaire, puis se baissa à quatre reprises et déposa devant lui quatre capsules intactes. Alors, promenant sur la classe un sourire effroyablement amical, il dit dans un silence épouvanté :

— Il y a dans cette classe quelqu'un qui sait que j'adore le parfum puissant de l'hydrogène sulfuré (H^2S) et qui m'a fait ce présent quintuple. Je ne veux pas connaître son nom, mais je le remercie cordialement. Surtout que personne n'ouvre les fenêtres, afin de ne pas gâter notre plaisir !

Il se leva et, devant la classe glacée de stupeur, il lança tour à tour les quatre boules contre le mur du fond : elles firent quatre taches grises, en forme de soleils stylisés.

Il se rassit, flaira l'air d'un nez gourmand et enchaîna, sur un ton plaisant :

« Est égal, si je ne m'abuse,
« A la somme des carrés
« Construits sur les autres côtés.

Sans la moindre enquête, sans poser une seule question, il fit une brillante leçon d'une heure entière.

C'est à la sortie que Soliman reçut la récompense

de son invention, car les externes, le nez rouge, les yeux larmoyants, et comme enivrés par cette longue puanteur, le reconduisirent, à grands coups de pied au derrière, jusqu'à l'escalier de l'internat. On eût pu croire que son échec, suivi de cette fuite propulsée, allait le rendre ridicule : tout au contraire, le récit de la folie de Funérailles fit le tour du lycée, et Soliman, qui l'avait déclenchée, devint tout à coup célèbre. J'ai compris ce jour-là qu'il est toujours profitable d'être mêlé, de quelque façon que ce soit, à un événement important, et que la gloire, c'est quand on parle de vous. Lagneau fut jaloux de ces lauriers ; c'est un lundi, vers les neuf heures moins le quart, pendant la classe d'histoire, qu'il lança deux boules puantes.

La première eut un plein succès, car M. Michel nous tournait le dos pour écrire sur le tableau noir des dates et des noms, réunis par des accolades. Il ne vit rien, n'entendit rien et ne fut avisé de cet exploit anonyme que par une épouvantable odeur. Comme les fenêtres étaient ouvertes, il crut que cette puanteur venait de l'extérieur : il ordonna de les fermer et nous tourna de nouveau le dos, la craie en main.

Lagneau, tout glorieux de ce premier succès, se leva soudain à demi et lança la seconde capsule de verre : elle se brisa contre le tuyau du poêle, dont la tôle résonna. M. Michel se retourna brusquement, les poings sur les hanches, les sourcils froncés sur un regard noir : il regardait de notre côté. Mais Lagneau, promptement rassis, la tête un peu penchée sur le côté, fignolait une accolade, et j'écrivais moi-même avec application, comme mes voisins, qui redoutaient une erreur judiciaire possible. Seul, Mérinos, devant moi, luttait, le cou gonflé, contre un accès de rire qui l'étouffait, et j'étais sûr qu'il était perdu, lorsque la porte s'ouvrit largement, et monsieur le proviseur — en jaquette et chapeau de soie — entra d'un pas assuré. Il était suivi de monsieur le censeur, qui tenait à la main de grandes feuilles de papier. Ces autorités venaient nous dire solennellement les résultats de la composition d'histoire. Toute la classe se leva d'un seul élan, selon l'usage. Mérinos lui-même, fils d'Ulysse (ou peut-être d'Achille), ne riait plus : la situation était grave et Lagneau devint blanc comme un navet.

En effet, monsieur le censeur palpitait déjà des narines et regardait le parquet, autour du poêle : quelques menus éclats de verre y étaient clairement visibles.

En moins d'une seconde, il conjugua les renseignements que lui fournissait son nez et ceux qui brillaient sous ses yeux.

Alors, d'un geste rapide, il pointa vers Lagneau le fluide maléfique de son index tendu et dit d'un ton sans réplique :

— Levez-vous !

Lagneau, pâle et tremblant, ne se leva pas, mais il tourna vivement ses regards vers le fond de la classe, comme si cet ordre ne pouvait en aucune façon le concerner, et comme s'il était curieux de savoir à qui le censeur en avait. Mais cette naïve démonstration d'innocence ne fit pas le moindre effet, et la voix tonna, sarcastique :

— Vous ! Oui. Vous ! Ce n'est pas la peine de

jouer la comédie. Je vous ai vu, par la fenêtre ! Oui, je vous ai vu lancer quelque chose, et maintenant, nous savons bien quoi ! Votre nom ?

— Mais, m'sieur, dit Lagneau, j'ai peut-être fait un geste mais ce n'est pas moi ! J'ai voulu attraper une mouche, et alors...

La désolante stupidité de cette explication fit courir un rire léger à la surface de la classe, tandis que le censeur tonnait :

— Taisez-vous ! Votre nom ?

— Lagneau.

Le censeur tira de sa poche un carnet, dévissa le capuchon de son stylographe et il inscrivit le nom, la classe et le motif. Pendant ce temps, l'odeur intolérable, épaissie par un silence de mort, s'élargissait, se répandait, envahissant toute la classe, infectant la responsabilité de Lagneau et l'aggravant à chaque seconde.

Les externes, avec leur habituelle hypocrisie, se bouchaient le nez, indignés. Monsieur le proviseur, qui ne pouvait en faire autant, ordonna d'une voix calme et grave :

— Ouvrez les fenêtres !

Les externes se précipitèrent. Enfin, monsieur le censeur déchira la page de son carnet et la tendit à Lagneau, disant :

— Prenez vos affaires et portez ceci à la permanence !

Lagneau, accablé, prit ses livres, ses cahiers, descendit les trois gradins, marcha lentement vers la porte, l'entrebâilla et disparut.

Alors, monsieur le censeur, d'une voix naturelle, commença sa lecture et dit, comme d'habitude :

— Premier, Robin, 19 1/2. Conduite 10, devoir 9, leçons 10.

Je retrouvai Lagneau dans la cour de l'internat. A ma grande surprise, il me parut très inquiet :

— Mais alors, dis-je, et le truc ?

— Le truc marchera très bien si c'est quatre heures, ou même une consigne entière. Mais il y a le censeur et le proviseur dans cette affaire... Et puis, l'assassin de la permanence m'a dit que ça serait probablement le conseil de discipline et une mise à la porte de huit jours.

— Il a dit ça pour te faire peur...

— Peut-être, mais ce n'est pas sûr... Et, en plus, un grand m'a dit que, quand on te met à la porte, le proviseur fait venir ton père ! Tu te rends compte !

Pour le rassurer, j'appelai en consultation Nelps et Carrère, le beau petit boiteux de troisième A2.

Nelps cita cinq cas de lanceurs de boules puantes et nous apprit que la peine maximale avait été une consigne entière du dimanche, infligée à Barbot. Il conclut avec une autorité rassurante :

— Tu es bon pour une consigne entière jeudi prochain, mais rien de plus.

Carrère, esprit plus abstrait, essayait d'évaluer l'aggravation des peines que causait en général la présence du censeur, malheureusement alourdie et solennisée par celle du proviseur, et il se montra pessimiste.

Toutefois, en considération du fait que le jet de la capsule avait été commis avant l'entrée des autorités et dans l'ignorance de leur venue, il finit par conclure qu'une consigne entière lui paraissait largement suffisante et que le conseil de discipline ne serait pas alerté, ce que Nelps confirma avec beaucoup d'assurance, et il ajouta :

— D'ailleurs, si tu risquais plus qu'une consigne, on t'aurait déjà appelé chez le censeur !

— Il a raison ! s'écria Lagneau. Et si ce n'est qu'une consigne, ça n'a aucune importance ! J'ai deux *Buffalo Bill* et trois *Nat Pinkerton*, ça me fera toute ma journée !

Et il se mit à danser en riant aux éclats.

A ce moment, la voix du destin retentit : elle sortait de la moustache du concierge et elle cria longuement sur toute la cour :

— Lagneau, cinquième A2, chez Monsieur le censeur!

Puis ce héraut, indifférent à l'annonce redoutable qu'il venait de lancer, se retira sans même se retourner.

Lagneau blêmit, racla sa gorge et dit, après un ricanement lugubre :

— Quel salaud !

Puis il s'éloigna, les épaules tombantes, mais les poings fermés.

Nous attendîmes son retour en devisant sous les platanes ; je fus un peu inquiet pour mon ami, car les deux arbitres me parurent moins optimistes en l'absence de l'inculpé, et Nelps fit intervenir un facteur nouveau, qui était l'abus récent de l'usage des boules puantes, et il déclara qu'il craignait que le censeur ne voulût faire un exemple pour y mettre fin. De plus, l'absence de Lagneau se prolongeait, ce qui ne me semblait pas rassurant ; mais Carrère allégea mon inquiétude en me disant que « plus ils parlent, moins ils punissent », et que Lagneau allait peut-être s'en tirer avec quatre heures et une homélie moralisatrice.... Enfin, cette pénible attente fut soudain raccourcie par un incident plaisant. Marion, de cinquième B, ayant plongé un bâton dans les entrailles des cabinets, s'approcha de Schmidt, et lui dit brusquement :

— Un peu voir si tu es plus fort que moi !

Et il lui tendit l'extrémité odieusement graissée de ce bâton.

Schmidt, sans méfiance, la saisit à pleine paume et tira : le bâton lui glissa dans la main, en y laissant une épaisse viscosité, tandis que Marion fuyait en ricanant. Schmidt, qui comprenait pourtant la plaisanterie, ne goûta pas du tout celle-là : il rattrapa son persécuteur en trois enjambées, le colla contre le mur et essuya longuement sa main sur la figure du mauvais plaisant, qui se mit à vomir à grand bruit.

Je ne vis pas la suite de cet intéressant épisode, car Lagneau venait de paraître à la porte de la cour. Son visage était décomposé. Il s'avança vers nous d'un pas incertain, et la tête basse.

— Alors, dit Nelps, c'est une consigne?

Lagneau fit « oui » de la tête.

— Pour jeudi?

Il chuchota :

— Oui.

Il voulut ajouter quelque chose, mais il fondit en larmes, courut appuyer son avant-bras contre le mur, pour soutenir son front, et pleura tout à son aise.

Je fus très surpris par ce désespoir et j'allai lui parler à voix basse :

— Qu'est-ce que ça peut te faire, une consigne, puisque tu as ton truc ?

Sans mot dire, il tourna vers moi ses yeux rougis, haussa les épaules et gratta le sol de la pointe de son soulier.

Les autres s'étaient rapprochés, mais personne ne posa de questions, et nous respectâmes son silence jusqu'au roulement du tambour.

En étude, il reprit sa figure ordinaire. Il avait installé devant lui sa grammaire latine et, les bras croisés, il regardait fixement un « exemple » imprimé en caractères gras : « *Noctua cicadam interfecit, quanquam clamitabat* » ou « *quamvis clamitaret* ».

Mais son esprit était bien loin de ces subtilités, car il poussait de temps à autre un soupir d'au moins un mètre. Enfin, au bout d'un quart d'heure, il me chuchota la vérité.

Le censeur lui avait annoncé une consigne de huit heures, de huit à midi et de deux à six.

Condamnation négligeable en soi, et fort élégamment annulée par le truc, mais il avait ajouté :

— J'ai eu quelquefois l'impression que vos bulletins de retenue étaient signés par Madame votre mère, et j'ai toléré cette incertitude jusqu'à aujourd'hui.

Cette fois-ci, vous êtes allé trop loin. Pour éclaircir mes doutes, je me vois forcé d'envoyer à l'adresse du bureau de Monsieur votre père un double de votre feuille de retenue, avec ma carte de visite qui lui dira tous mes regrets.

Cette révélation me fut faite par bribes à cause de quelques regards inquisiteurs de M. Payre qui interrompirent plusieurs fois la communication.

Quand je fus en possession du message — que j'avais écouté en feuilletant studieusement mon dictionnaire latin — je réfléchis pendant un moment, puis, feignant d'écrire, la tête baissée, du coin de la bouche, je répondis :

— C'est embêtant, mais ce n'est pas terrible... Pour ton père, ce sera la première retenue de l'année... Pour la première, on n'a jamais tué personne...

Il ne me répondit pas tout de suite, car la voix puissante de M. Payre retentit : elle informait Berlaudier qu'une étude n'était pas un dortoir.

Après cette alerte, Lagneau chuchota :

— Il va sûrement venir voir le censeur pour demander des explications, et alors il va savoir toutes mes colles.

Je convins en moi-même que là était le danger, et je ne sus que répondre. Cependant, après quelques minutes de réflexion, je conclus que la révélation unique et collective d'une vingtaine de colles ne lui vaudrait pas vingt corrections et que, en somme, il resterait le bénéficiaire. J'allais lui faire part de cette idée consolante lorsqu'il me dit tout à coup :

— Et surtout, surtout, il va savoir l'affaire des bulletins trimestriels.

Ça, c'était pour moi du nouveau.

— Quelle affaire?

Il ne me répondit pas tout de suite, car M. Payre venait de descendre de sa chaire, et il faisait sa tournée habituelle. Derrière son dos, sa main gauche serrait son poignet droit. A pas lents, il parcourait les travées, s'arrêtant çà et là, pour se pencher sur le travail d'un élève. Il donnait des conseils, faisait des observations, parfois fort désobligeantes. C'était le bon moment pour bavarder, parce que, ses oreilles bourdonnantes du son de sa propre voix, il n'entendait plus nos chuchotements.

Alors, Lagneau me raconta la terrible affaire. Ce fut long et difficile, parce que le discours des désespérés n'a point d'ordonnance, qu'il est entrecoupé de silences convulsifs, et qu'il est toujours mal articulé.

Cependant, je finis par comprendre l'histoire des bulletins trimestriels, et je l'ai reconstituée pour le lecteur.

L'activité frauduleuse de la mère et de la tante n'avait pas pu se limiter à l'escamotage des retenues : toujours le crime en appelle un autre, car c'est l'engrenage du diable. Elles avaient pensé tout à coup au bulletin trimestriel, qui allait révéler brutalement trois mois de paresse et d'inconduite, et peut-être mentionner les punitions...

Épouvantées, elles décidèrent de l'intercepter et de le falsifier.

La tante découvrit sans peine, sur une feuille de

retenue, le nom de l'imprimeur du lycée : elle réussit à corrompre un typographe alcoolique, qui lui donna douze bulletins vierges en échange de douze bouteilles d'absinthe, et douze enveloppes à en-tête du lycée pour six bouteilles d'Amer Picon.

A la fin du premier trimestre, la mère et la tante vécurent une semaine d'angoisse et de folie : munies d'une fausse clef de la boîte aux lettres, elles surveillaient en tremblant les passages du facteur.

Par bonheur, le vrai bulletin arrivait vers neuf heures, après le départ du camionneur, qui ne manquait jamais d'être sur les lieux de son travail dès six heures du matin. Les deux femmes coupables saisirent la lettre fatale et coururent s'enfermer dans le cabinet de toilette. Là, dans la vapeur d'eau chaude, elles firent glisser entre les deux épaisseurs de la collure une persuasive aiguille à tricoter. Elles allèrent ensuite se réfugier dans la chambre, pour examiner longuement le trop véridique bulletin.

Elles tressaillirent sur quelques zéros, soupirèrent sur les 3 et les 4, s'attendrirent sur un 8 et accordèrent un sourire à un 14 (en dessin) mais certaines « observations » des professeurs étaient accablantes.

« Tout à fait nul » (mathématiques).

« Impertinent, paresseux, dissipé » (anglais).

« Incapable de fixer son attention, cet élève perd son temps au lycée » (latin).

Ces appréciations — selon la tante— prouvaient clairement que plusieurs professeurs l'avaient « pris en grippe ». Il y en avait cependant de moins cruelles : « Progrès nettement insuffisants » (français).

— « Insuffisants », dit la tante. Mais progrès tout de même !

Et toutes deux se délectèrent de « Pourrait mieux faire ».

— Bien sûr, dit la mère. On peut toujours mieux faire. Ça, ce n'est pas une critique !

— Au contraire ! Ah ! S'ils disaient : « Pourrait bien faire », ça signifierait qu'il ne fait pas bien. Tandis que « Pourrait mieux faire », ça veut dire : « Il fait bien, et même très bien, mais il pourrait faire encore mieux ! »

Puis, elles discutèrent — comme l'eût fait un conseil de classe — des notes qu'il convenait d'attribuer aux différentes activités du cher garçon. Non pas correspondantes à ses exploits scolaires, mais mesurées aux désirs de son père, sans toutefois les satisfaire entièrement.

— N'exagérons pas ! dit la tante, en remplaçant un 3 par un 10. Il ne faudrait tout de même pas qu'Édouard s'attende à un prix d'excellence !

C'est ainsi que les zéros devinrent des 6 ou des 9, signes qui d'ailleurs n'en diffèrent que par l'adjonction d'une queue. Le 5 en latin fut remplacé par un 10 (n'exagérons rien !), le 3 en histoire bondit jusqu'à 9 et le 7 de français, dans un élan patriotique, creva le plafond de la moyenne et s'élança jusqu'au 13, qui porte bonheur.

Quant aux injustes commentaires, ils furent remplacés par d'autres ; mais, par honnêteté, la tante conserva quelques termes de l'original. Par exemple, « Progrès insuffisants » devint plus simplement « En progrès », « Ne fait rien, ne veut rien faire » fut traduit : « Pourrait faire mieux, s'il le voulait ».

Enfin, toujours par honnêteté, et pour compenser en quelque sorte ces améliorations, l'impitoyable tante réduisit de deux points la bonne note de gymnastique.

Le camionneur trouva ce bulletin dans la boîte aux lettres, le lendemain soir. Il le lut à table, à haute voix, et le commenta. Il fit des réserves sur le 13 en français, qu'il trouvait nettement insuffisant ; mais il finit par dire que, dans l'ensemble, ce bulletin était meilleur que ceux de l'année précédente, et qu'il voulait bien le considérer comme un début acceptable. Cependant, la mère et la tante, tout en tremblant à la pensée de ce qu'il aurait dit s'il avait su la vérité, se repentaient d'avoir lésiné sur les notes et se promettaient de faire mieux la prochaine fois. Elles n'y manquèrent pas, car le bulletin du second trimestre exigea des aménagements encore plus importants que celui du premier. De même que le fabricant clandestin de billets de cent francs s'avise un jour qu'il ne serait pas plus coupable s'il faisait des billets de mille, elles n'hésitèrent pas à transformer un 6 en 16 — ce nombre, d'ailleurs, contient aussi un six — et appliquèrent ce procédé d'une façon générale, d'autant plus facilement que presque toutes les notes étaient inférieures à la moyenne. Le camionneur en fut charmé : tout à fait rassuré sur l'avenir de son escadron et la pérennité du numéro de téléphone, il se réjouissait en secret.

Cependant, les deux femmes vivaient dans l'angoisse leur vie de faussaires : une rencontre fortuite censeur-camionneur pouvait dévaster l'heureuse famille. Malgré l'usage de somnifères, leurs nuits étaient ravagées par le remords, grand improvisateur de cauchemars. La tante voyait le père, dans une crise de folie furieuse, disperser à coups de martinet des nuées bourdonnantes de zéros. La mère l'imaginait plutôt étendu raide sur le tapis du grand bureau, la face violette, la bouche tordue et serrant dans sa main crispée un vrai bulletin trimestriel.

Tel fut le récit de Lagneau. Cette révélation me consterna, car j'entrevis l'ampleur de la catastrophe possible et l'attitude de mon ami, pendant toute la journée, me brisa le cœur. Nous descendîmes au réfectoire. Il ne prit aucune nourriture. Blême, il pleura en silence sur la saucisse aux haricots ; il offrit la sienne à Berlaudier qui, tout ricanant, la déclara un peu trop salée par les larmes, mais la dévora tout de même.

Pendant la récréation, il alla sous le préau et, les bras croisés, une tempe contre le mur, il resta une heure immobile, et comme frappé de stupeur... Je lui parlais, il ne m'entendait plus.

Cette désolation fut vite remarquée par nos camarades, qui posèrent quelques questions. Je les écartais doucement, en leur disant, sans autre explication, qu'il était collé jeudi toute la journée, et que ça serait un drame chez lui, ce qui fit rire quelques durs à cuire, et surtout Péridier (de cinquième B), dont la mère, qui était veuve, croyait depuis toujours que les

« cours supplémentaires gratuits du jeudi » étaient une récompense réservée aux bons élèves. L'après-midi, en classe, Socrate — insensible à son air désespéré — lui donna l'ordre de réciter la leçon de latin.

Il se leva, croisa les bras, le regarda d'un air hagard, balbutia le premier vers (considérablement modifié) de la fable de Phèdre et se rassit sur un zéro, en murmurant :

— Maintenant, qu'est-ce que ça peut me faire ?

Il avait dit cette phrase comme sur son lit de mort.

Pendant la récréation de quatre heures, nous nous promenâmes, lugubres, à travers les jeux des autres, cherchant la solution de l'insoluble problème.

Il envisagea un moment une fuite à l'étranger en se cachant — le soir même — dans un wagon de marchandises. Je fis observer que nous avions encore vingt-quatre heures devant nous et qu'il valait mieux demander de l'argent à sa mère pour s'installer commodément dans un train de voyageurs.

Puis je suggérai autre chose : ne serait-il pas plus raisonnable d'aller se cacher dans mes collines ? J'avais une grande expérience de ce genre d'aventure, puisque j'avais failli le faire moi-même et que j'y avais longuement pensé. Je lui exposai mon plan ; il le repoussa, en disant :

— Non, non ; moi, ce n'est rien. Tant pis s'il m'assomme. Mais la catastrophe, c'est ma mère et ma tante. Je te parie qu'il va les divorcer toutes les deux... Et même il n'aura pas le temps, parce que ma mère va s'empoisonner et ma tante se jettera sous un tramway. Je ne rigole pas. Un jour, elle l'a dit : « Je n'aurai plus qu'à me jeter sous un tramway ! » Par ma faute ! Tout ça, c'est par ma faute !

Et au moment où il regardait rouler sur les rails les sanglants tronçons de la tante, un choc violent fit tressaillir sa tête : il venait de recevoir, sur l'œil gauche, une balle de cuir qui venait du fond de la cour. Il y porta vivement les deux mains et se balança comme un ours, en proférant une plainte modulée. Je m'élançai, j'écartai ses mains. Son œil larmoyait et commença à rougir, mais il ne montrait pas d'autre dommage. Je courus mouiller mon mouchoir sous le robinet et je tamponnai longuement la contusion, tandis qu'il disait avec force :

— C'est bien fait ! Tant mieux ! S'il est crevé, c'est très bien fait !

Comme si cette punition prématurée venait en déduction de sa culpabilité.

Le soir, en étude, je lui passai le brouillon de ma version latine, afin qu'il n'eût qu'à le recopier. Mais il repoussa ce présent d'un geste las et, tournant vers moi le regard mince de son œil poché, il dit :

— Elle est pour vendredi... et vendredi, qui sait où je serai ?

Nelps siégeait à trois bancs devant le nôtre. Le désespoir de Lagneau avait touché ce cœur sensible. C'est pourquoi, de temps à autre, il se tournait vers nous, souriant, haussait les épaules, clignait un œil et faisait des signaux de dénégation, qui voulaient être des messages de consolation. Mais sa bonté gesticulante l'entraîna si loin que la voix puissante de M. Payre retentit soudain, l'accusant « de faire le guignol depuis un quart d'heure », et le menaça d'un zéro de conduite, qui eût été le premier de sa vie scolaire et peut-être d'une longue série, car les virginités perdues ouvrent parfois les écluses des pires débordements...

Terrorisé, il ne nous montra plus que son dos studieux, tandis que Lagneau regardait d'un œil morne un livre ouvert au hasard. Et lorsque le tambour de sept heures nous délivra, il dit en se levant :

— Ces deux boules puantes, j'aurais mieux fait de les croquer.

A la sortie, il s'appuya sur mon bras et marcha d'un pas chancelant. Je le soupçonne aujourd'hui d'avoir quelque peu exagéré les manifestations de son angoisse, qui était pourtant sincère. Nelps nous suivait, en égrenant des consolations amicales, tandis que l'ingrat Berlaudier lui demandait de très loin, à très haute voix, à quelle distance il supposait que son père allait l'envoyer par le premier coup de pied au derrière. Nous l'accompagnâmes jusqu'à sa porte, puis Nelps bondit sur le marchepied du tramway de Saint-Barnabé, et je remontai vers la Plaine, inquiet et me sentant coupable par la seule connaissance d'un tel secret, que j'avais honte de faire entrer dans la maison de Joseph.

Enfin se leva l'aube du mercredi, jour de la tragédie fixé par le destin et le règlement. Il était absolument certain que le concierge viendrait, entre huit et neuf heures, pendant la classe d'anglais, portant sous son bras gauche le grand registre noir sur lequel Pitzu inscrirait les noms des absents et, dans sa main droite, une dizaine d'enveloppes jaunes, dont chacune contiendrait les retenues d'une classe. Il donnerait la nôtre à Pitzu, qui distribuerait ensuite ces contraintes par corps. La petite cérémonie était inéluctable, rien ne pouvait l'empêcher ni la retarder, sauf peut-être la mort du concierge à son lever, ou un tremblement de terre, ou la fin du monde, événements vraiment peu probables. Il me restait pourtant encore un espoir. Espoir fragile et sans doute chimérique, comme presque tous nos espoirs : le censeur avait peut-être oublié toute l'affaire comme il avait un jour oublié d'inscrire une consigne donnée à Barbey, surpris en train de fumer dans les cabinets ; une autre fois, après avoir tancé d'importance Rémusat (qui avait placé un pique-cul sur la chaise de Tignasse), il lui avait infligé quatre heures de retenue, dont le condamné n'avait jamais plus entendu parler. Il n'était donc pas absolument impossible qu'il oubliât l'affaire Lagneau. Nous avions une petite chance, très petite, évidemment ; mais s'il nous en restait une, elle était là et, si petite qu'elle fût, elle pouvait supporter un peu d'espoir. A huit heures moins le quart, je trouvai Lagneau dans la cour. Appuyé contre un platane, et les mains dans les poches, la tête basse, il écoutait les raisonnements consolateurs de Nelps. Raisonnements inefficaces, parce qu'ils étaient fondés sur l'ignorance du truc. Nelps croyait en effet que le père de Lagneau était depuis longtemps habitué à signer des bulletins de retenue et que cette consigne n'était pas plus grave que les précédentes : au contraire, il pensait qu'une histoire de boules puantes avait un côté comique qui n'échapperait probablement pas à M. Lagneau. Mais l'autre, avec un triste sourire, haussait des épaules de condamné...

Pendant la première demi-heure de classe d'anglais, nous attendîmes le concierge, sinistre messager de la permanence. La porte s'ouvrit soudain : j'en eus un petit frisson aux joues. Lagneau baissa brusquement la tête, comme pour esquiver la flèche du destin. Mais ce n'était qu'un externe, qui arrivait en retard, protégé par un billet d'excuses. La demie sonna au bout d'une heure. Lagneau était de plus en plus nerveux. Il prenait fiévreusement des notes illisibles, pendant que Pitzu, une fois de plus, nous révélait l'emploi du présent, au lieu du futur, après *when*, ce qui était son ablatif absolu — et je compris que, par cette application, il espérait obscurément obtenir des dieux l'annulation de sa consigne. Encore une heure ou deux, et le carillon égrena moins le quart.

Il me fit un faible sourire, un sourire des joues, mais qui ne brilla pas dans ses yeux. Le concierge était en retard : peut-être ne viendrait-il plus? Peut-être était-il mort dans la nuit? Peut-être... Mais le voilà qui ouvre la porte, s'avance horriblement vers la chaire et, dans sa main droite, brillent les enveloppes jaunes...

Il posa son registre grand ouvert devant Pitzu qui inscrivit les noms des absents, puis il chercha cruellement, parmi les enveloppes, celle de la cinquième A2. Lorsqu'il les eut toutes vues, il parut surpris, car il n'avait pas trouvé la nôtre ! Lagneau, sous la table, choqua son genou contre le mien, et refit sa grimace désespérée. Mais l'autre recommençait son examen et, soudain, il saisit l'enveloppe fatale : avec un sourire hideux, il la posa sur la chaire, reprit le registre, le remit sous son bras et sortit, fort content de sa mauvaise action.

Lagneau, écrasé par le destin, planta son coude gauche sur la table, soutint dans sa main son front glacé, et attendit que la voix de Pitzu proclamât les noms des condamnés, afin qu'ils vinssent à la chaire recevoir de ses mains leur contrainte par corps.

Malgré tout, il me restait encore un espoir : cette enveloppe contenait des retenues, mais celle de Lagneau n'y était peut-être pas ? Il espérait toujours, lui aussi, car il se mit à trembler si fort que je vis frissonner la surface de l'encrier. Nous attendions ; la voix de M. Pitzu s'éleva soudain. Elle disait : « *When I am in England, I shall eat plum pudding.* »

Lagneau leva la tête. L'enveloppe jaune brillait sur le coin de la chaire, comme oubliée.

— C'est-à-dire, poursuivit M. Pitzu, que l'Anglais considère que celui qui parle sera déjà en Angleterre quand il mangera le plum-pudding et que, par conséquent, ce sera pour lui le présent. Monsieur Robin, voulez-vous me traduire : « Quand mon père sera vieux, il aura des cheveux blancs. »

Robin répondit tout d'un trait :

— *When my father is old, his hair will be white.*

— Parfait, dit M. Pitzu, avec une véritable joie.

Il se tourna vers nous et s'écria :

— *Master Lagneau, will you translate into french this sentence : « When I am at home, I shall have a pleasant dinner with my family. »*

Lagneau se leva et parut réfléchir tout en orientant ses oreilles pour capter les messages qui l'environnèrent aussitôt. Schmidt et Berlaudier s'évertuèrent et Lagneau put articuler péniblement :

— Quand je serai... à la maison... je dînerai agréablement... avec ma famille.

— Merci, dit M. Pitzu. M. Schmidt aura un 10, parce qu'il a bien traduit cette phrase, et un zéro de conduite, parce qu'il vous l'a soufflée. Pour vous, vous aurez un zéro en leçon parce que vous n'avez fait que répéter, et sans rien y comprendre, les chuchotements de M. Schmidt. Asseyez-vous !

Puis il attaqua l'emploi de *shall* et de *will*, de *should* et de *would*, et nous ne comprenions pas un mot de ce qu'il disait : nous ne regardions que ses gestes. Allait-il prendre l'enveloppe ? Il ne la regardait même pas. Il s'exalta ensuite sur une poésie que je trouvais ridicule, et dans laquelle, après avoir conseillé à une étoile de scintiller, il lui demandait qui elle était... Lagneau, au comble de l'énervement, balançait ses jambes sous le pupitre avec tant de force que la travée en tremblait.

Le tambour roula soudain. Pitzu replaça ses livres dans sa serviette, et Galliano, selon son habitude, avait gagné la porte d'un seul bond, lorsque Pitzu cria : « Halte ! Silence ! », et il prit enfin, sur le coin de son bureau, l'enveloppe des condamnés.

Il l'ouvrit, en tira cinq ou six bulletins et il annonça :

— Galliano ! Voici justement un avis qui vous concerne !

Il lui tendit la première retenue et le fuyard s'arrêta net, puis s'avança, en jouant une pantomime remarquable qui exprimait la stupeur et l'indignation.

Il appela ensuite Péridier (qui reçut avec une parfaite indifférence cette invitation aux « cours supplémentaires du jeudi »), Vernet (qui haussa les épaules discrètement), puis Gontard (qui regarda sa feuille et ne put maîtriser sa joie, car il laissa échapper un grand éclat de rire).

— Comment? dit sévèrement M. Pitzu. C'est tout l'effet que ça vous fait?

— M'sieur, dit Gontard, je croyais que j'avais une consigne entière et Monsieur le censeur ne m'a mis que quatre heures !

— J'espère, dit M. Pitzu, que Monsieur votre père n'en rira pas aussi gaiement que vous, et je ne sais ce qui me retient d'ajouter une rallonge à une punition qui vous paraît si courte !

Tout en parlant, M. Pitzu agitait le dernier bulletin et Lagneau enfonçait ses ongles dans mon biceps.

— C'est la mienne, murmurait-il, je suis sûr que c'est la mienne...

Eh oui, c'était la sienne ; M Pitzu regarda la feuille, et dit :

— A propos de « consigne entière », en voici une... Elle est la récompense des efforts de M. Lagneau, qui a lancé, paraît-il, une boule puante pendant la classe d'histoire ! Il viendra donc demain matin de huit heures à six heures du soir, ce qui n'est vraiment pas cher pour un pareil méfait.

Il lui tendit la fatale feuille : Lagneau alla la prendre, mais il n'osa pas la regarder devant tout le monde ; il la glissa dans son cahier de textes et il allait sortir lorsque M. Pitzu ajouta :

— Une punition de cette importance peut être extrêmement bienfaisante, et je veux vous aider à en tirer profit : pour utiliser au mieux cette journée, vous me traduirez, sur copie, les douze premières versions de votre *English Comrade*, et votre anglais en sera tout ragaillardi !

A l'annonce de cette punition supplémentaire, Lagneau demeura stupide, tandis que Berlaudier éclatait de rire et que la foule murmurait : les cancres protestaient, les bons élèves ricanaient hypocritement. Je vis que mon ami allait prononcer des paroles irréparables et, repoussant le cercle des badauds, je l'entraînai vers les couloirs de l'internat.

Dans un coin de la cour, nous examinâmes le bulletin : il n'avait rien d'extraordinaire, car il annonçait simplement que l'élève Lagneau, de la classe de cinquième A2, serait retenu au lycée le lendemain jeudi, de huit heures du matin à six heures du soir, pour avoir « lancé une boule puante pendant la classe d'histoire ». *Une* boule puante : je soulignai aussitôt cette réduction de son exploit, devenu unique, et sans récidive. Nelps accouru fut formel. Une, ce n'était pas bien grave : Lagneau pourrait dire à son père qu'un voisin la lui avait passée et qu'il l'avait jetée au loin avec dégoût, sans même savoir ce que c'était, et qu'il avait été le premier surpris, et même effrayé, par cette odeur nauséabonde qui lui avait donné mal au cœur. Cette version me parut admirable et, dans un élan d'amitié, je déclarai :

— Tu n'as qu'à dire que c'est moi qui te l'ai passée !

— A tant faire, dit Lagneau, je peux dire aussi que c'est toi qui l'as lancée !

— Si tu veux, ton père ne connaît pas le mien ; par conséquent, il ne pourra pas le lui dire !

— Oui, dit Nelps, mais s'il vient se plaindre au lycée et dire au censeur que c'est toi le coupable ?

— Le censeur ne le croira pas, dit Lagneau, puisqu'il m'a vu par la fenêtre. Et puis, si mon père vient au lycée, alors, ils auront autre chose à se raconter et vous ne me reverrez jamais ici !

Je ne rapporterai pas nos conversations de la journée, car nous répétâmes cent fois la même chose.

Pendant l'étude du soir, un orage éclata : de grosses gouttes rapides crépitaient par instants sur les vitres, qui vibraient aux coups de tonnerre.

L'étude était silencieuse ; M. Payre, à sa chaire, lisait un journal. Nelps se retournait de temps à autre pour un sourire d'amitié, mais sans faire le moindre geste. On entendait siffloter les becs de gaz, et les fumivores se balançaient au-dessus des cheminées de verre.

A tout hasard, j'avais prévenu ma mère que je serais en retard d'au moins vingt minutes ce soir-là, parce que je devais passer chez un ami pour y prendre des livres.

Cinq minutes avant le tambour, Lagneau était prêt.

— Je les ai prévenues, dit-il, et elles m'attendent toutes les deux. Viens avec moi. Viens, tu diras à ma mère que tu veux bien que je dise que c'est toi.

Je refermai livres et cahiers. Le tambour roulait encore quand nous franchîmes la porte de l'étude. L'orage s'était calmé et une pluie fine brillait dans la lumière jaune des becs de gaz. Elles attendaient, immobiles, au coin de la petite rue, sous le même parapluie.

La tante, très maigre et très grande, attendait sous un chapeau pareil à ceux des dames de l'Armée du Salut, et elle avait des yeux immenses, bleus comme la mer.

Nous nous avançâmes :

— Voilà, dit Lagneau, c'est Marcel.

Sans même me regarder, la mère demanda, d'une voix étouffée :

— Tu l'as ?

Lagneau lui tendit le bulletin.

A cette vue, la tante poussa un cri étranglé : « Mon Dieu ! » et elle appliqua la paume de sa main sur sa joue, comme pour soutenir sa tête.

La mère déplia le papier et s'élança vers le réverbère ; la tante la suivit, tenant le parapluie ouvert.

La pauvre femme essaya de lire les petites lignes noires qui allaient avoir tant d'importance pour la paix de son ménage. A travers la poussière de pluie que la lumière faisait briller, je voyais trembler sa main, qui était grasse, blanche, avec une bague à chaque doigt. Elle ne pouvait pas lire et la tante prit le bulletin.

D'une voix brisée, elle dit :

— A lancé... une bille... une balle...

— Une boule puante, dit Lagneau.

Elle répéta deux fois cette phrase, avec des intonations différentes, comme si elle espérait en changer le sens, puis elle dit avec force :

— Et d'abord, pourquoi est-il permis de vendre des boules puantes à des enfants ? Est-ce qu'on leur vend des revolvers ? Elle est jolie, la République ! C'est le gérant du bazar Sibié qui devrait venir faire cette consigne. C'est lui qui l'a lancée, cette boule puante ! Il l'a lancée dans la classe d'histoire quand il l'a mise dans la main de ce pauvre petit !

— Calme-toi, Anna, dit la mère. Ne parle pas si fort.

Elle se tourna vers son fils.

— Tu es sûr qu'il a prévenu ton père ?

— Il m'a dit qu'il lui enverrait « un double » à son bureau.

— A son bureau ! répéta la tante indignée. A son bureau ! Quelle méfiance !

Il me sembla que cette méfiance abominable était en somme justifiée, mais que les femmes et surtout les tantes ne raisonnaient pas comme nous...

La mère se raidissait, mais je vis qu'elle avait des larmes dans les yeux. Elle murmura : « S'ils l'ont envoyée ce matin, elle a dû arriver au courrier de six heures, et nous allons la trouver à la maison... »

— Écoute, dit Lagneau, il faut dire à papa que c'est une punition injuste, parce que ce n'est pas moi qui ai lancé cette boule. Nous dirons que c'est Marcel.

— Il ne le croira pas ! dit la tante.

— Et s'il le croit, dit la mère, il viendra au lycée demain matin pour protester... Et alors...

Ils étaient là tous les trois, muets, immobiles, sous la petite pluie désolée. Et soudain, Lagneau, lâchant ses livres, s'élança vers sa mère et se cramponna à sa taille en sanglotant. La tante fondit en larmes, sous le parapluie tremblant. Je fus bouleversé par ce spectacle. Tout en ramassant les livres dispersés du malheureux, j'avais bien envie de pleurer moi-même.

Alors, je pensai au sacrifice de Lagneau, qui avait fait pour moi la consigne du pendu, et je pris une décision héroïque.

— Écoutez, madame, moi j'ai une idée !

La tante hoquetante ouvrit ses yeux immenses :

— Quelle idée ? Irène, il a une idée. Quelle idée ?

— Si vous voulez, moi je vais lui dire, à M. Lagneau, que c'est moi qui ai lancé la boule puante... Et puis je lui expliquerai que je suis boursier et que, s'il va voir le censeur, moi, on m'enlèvera ma bourse, et que mon père est instituteur, et que peut-être il en mourrait !

— Vous feriez ça? dit la mère angoissée.

Je devins héroïque.

— Oui, je le ferais tout de suite.

La tante me regarda de ses yeux de folle. Elle poussa une sorte de gémissement et elle dit :

— C'est Dieu qui envoie cet enfant !

Nous descendîmes à grands pas la Canebière, car Lagneau habitait la rue Paradis, celle de la riche bourgeoisie. Et, tout en marchant, les deux femmes me faisaient la leçon et mettaient au point le scénario de la tragi-comédie.

Lagneau me tenait le bras et, tout en reniflant, il murmurait :

— Ça va marcher ! Ça va marcher !

Je commençais à être inquiet : l'héroïsme, c'est comme le soufflé au fromage, ça ne supporte pas très bien l'attente. Je dis soudain :

— J'espère qu'il ne va pas me frapper?

— Certainement pas ! dit la mère. Il est sévère, mais il n'est pas fou.

— Et puis, dit la tante, nous serons là toutes les deux !

— Il va peut-être écrire à mon père !

— Je ne crois pas, dit la mère. En tout cas, s'il le fait, moi j'irai le voir, votre père, pour lui dire toute la vérité ! Et je suis sûre qu'il sera fier de vous !

La tante mit sa main sur mon épaule, comme pour s'assurer de ma personne, tandis que Lagneau tenait toujours mon bras, et tous deux me poussaient en avant, vers le sacrifice...

C'était vraiment une belle maison ; l'escalier était

éclairé à l'électricité, il y avait un tapis rouge sur les marches, et le premier poteau de la rampe était remplacé par une femme en marbre, qui avait une robe en bronze. C'était superbe.

Nous montâmes lentement au premier étage, sans faire de bruit : les deux femmes s'arrêtaient toutes les trois marches pour écouter : était-il déjà rentré? Allions-nous le trouver dans le vestibule, énorme, et la canne à la main?

Non, il n'était pas rentré. La mère de Lagneau me conduisit dans un salon si beau qu'on aurait dit un petit musée, et elle me fit asseoir dans un magnifique fauteuil noir en bois de piano, mais tout tortillé en spirales ; puis, elle me dit :

— Restez ici : il ne faut pas qu'il vous voie tout de suite. Quand il arrivera, nous le préparerons, et je viendrai vous chercher au moment voulu. N'ayez pas peur. Ça va se passer très bien.

Elle allait sortir, mais elle se ravisa et prit sur un meuble une grande boîte de carton, toute pleine de glands en chocolat, et un petit panier rond, surmonté d'une ganse de ruban et garni de fruits confits de toutes les couleurs.

— Tapez là-dedans, me dit-elle, et n'ayez pas d'inquiétude.

C'était bien facile à dire, et je pensai tout à coup que cette tendre mère avait sans doute plus de sollicitude pour les fesses de son fils que pour les miennes, et que j'allais peut-être payer pour lui.

Mais quoi ! J'avais une dette de reconnaissance

envers Lagneau. Et puis, quand le vin est tiré, il faut le boire. Je pris deux chocolats à la fois, car je craignais de n'avoir pas beaucoup de temps pour profiter de l'aubaine.

Je n'entendais aucun bruit. Tout en mastiquant les chocolats, j'admirais le somptueux décor, et je me levai pour admirer de plus près tant de merveilles.

Sur la cheminée, entre deux grands bougeoirs de verre à plusieurs branches, se dressait une pendule dorée. Au-dessus du cadran, il y avait une petite statue, qui représentait une jeune femme toute nue. Elle courait si vite qu'un seul de ses pieds touchait le sol et encore, tout juste du bout de l'orteil. L'autre pied traînait en l'air, bien loin derrière elle. Tout en courant, elle tirait avec un arc, et, autour d'elle, c'était plein de chiens bondissants. Je m'approchai, pour toucher du doigt sa poitrine, qui était superbe. Mais je constatai que, dans ce tableau magnifique, il manquait le principal : l'arc n'avait pas de corde ! Il me sembla que c'était bien dommage, et je décidai de conseiller à Lagneau d'y mettre un élastique double, doré avec de la poudre d'or.

Comme je n'entendais toujours rien, je pris en hâte un chocolat fourré.

Sur une espèce de table (dorée, elle aussi), j'admirai de petits éléphants en porcelaine, des statues de soldats en couleurs, des poupées japonaises avec de vrais cheveux, un petit âne avec de vrais poils, qui balançait la tête quand on la touchait. C'était beau, et il y avait autant d'objets d'art que dans la vitrine d'un bazar.

Après avoir choisi une petite orange confite, j'admirai le lustre pendu au plafond. Il y avait au moins dix lampes électriques, plantées au fond de tulipes en perles ! Au beau milieu, en dessous, un ange en verre blanc planait sur des ailes vertes en jouant d'une trompette en or... Je pensai que ça devait être féerique, quand toutes les lampes étaient allumées pour recevoir des invités... Confondu par la vue de tant de richesses, j'admirai le caractère de mon ami : en découvrant ce luxe, je découvrais sa modestie, car il ne m'avait jamais parlé de sa fortune, et il était aussi gentil qu'un pauvre. Je n'hésitai donc pas à prendre un abricot confit, tout verni de sucre, et je commençais la dégustation, lorsque j'entendis claquer une porte, puis une voix épaisse et sourde gronda, puis une voix de femme qui parlait très vite, puis ces deux voix à la fois, puis une autre porte, puis je n'entendis plus qu'un murmure, et je retrouvai dans ma bouche le goût de l'abricot.

Je pensai : « Elles sont en train de le préparer. »

J'espérais que cette préparation serait assez longue pour me permettre de mener à bonne fin cet abricot dont la dernière moitié s'était collée à mon palais. La tante ouvrit soudain la porte. Elle souriait, mais je vis bien qu'elle le faisait exprès pour me rassurer. D'un signe de tête, elle m'appela. Je la suivis.

Lagneau n'avait pas exagéré. Son père était aussi grand et aussi large qu'une armoire. Ses cheveux grisonnants, coupés court, se dressaient tout raides sur sa tête, et ses yeux noirs, petits et perçants, s'abritaient sous des sourcils énormes, d'où sortaient des pattes d'araignée.

Debout près de son bureau, il tenait à la main le bulletin.

Dès que je parus, il parla d'une voix rugueuse, une voix de général enroué.

— Alors, c'est vous, monsieur, qui lancez des boules puantes dans les classes du lycée?

Je baissai la tête, humblement, et je ne répondis rien.

— Et de plus, de plus, vous laissez punir un camarade à votre place?

Je gardai une attitude accablée, et je regardai le tapis : il était brodé d'arabesques vertes sur un fond rouge.

Alors sa voix devint encore plus forte :

— Est-ce que vous vous rendez compte de ce que vous avez fait?

Les bras croisés, il attendait une réponse, mais l'abricot paralysait ma langue ; alors, il répéta :

— Est-ce que vous vous rendez compte?

La tante répondit pour moi :

— Mais oui, Édouard, il se rend compte !

— Mais non ! dit-il avec force, il ne *réalise* pas, et il faut que je lui mette les points sur les i. Il montra du doigt son fils, qui ne manifestait aucune gêne, mais montrait le pâle et douloureux sourire d'un martyr.

— Voilà un garçon, dit-il, qui, depuis le commencement de cette année — depuis le mois d'octobre, — a fait des efforts considérables pour s'améliorer. Il a plus que la moyenne en conduite sur ses bulletins trimestriels, il n'a pas eu une retenue depuis huit mois, et voilà que, grâce à vous, il attrape une consigne ! Tous ses efforts sont anéantis, il va falloir qu'il reparte à zéro ! Oui, à zéro !

Lagneau dit froidement :

— Ça, je m'en charge !

— Vous voyez, Édouard, dit la tante, il s'en charge !

— Parce qu'il ne se rend pas compte, lui non plus, de la gravité de la chose. Je suis sûr que ses professeurs vont croire qu'il est redevenu comme l'année dernière, et ils vont le surveiller spécialement. Et quand on a dans l'idée qu'un élève est capable de lancer des boules puantes, c'est toujours sur lui que ça retombe ! Maintenant, il faudra qu'il fasse attention à ses moindres gestes et, à la prochaine sottise de n'importe qui, c'est lui qui sera consigné. Voilà ce que vous avez fait !

— Édouard, dit la mère, je crois que tu exagères un peu !

— D'autant plus, dit la tante, que les autres professeurs ne savent même pas qu'il a été puni. N'est-ce pas, Jacques ?

Jacques leva la tête, et dit d'une voix douce :

— Il n'y a que M. Michel qui le sait... et puis peut-être monsieur le censeur. Mais il en voit tellement que, la semaine prochaine, il n'y pensera plus !...

Le gros homme réfléchit quelques secondes, et me dit brusquement :

— A votre âge, on peut faire une bêtise, mais,

au moins, on en prend la responsabilité. Moi, monsieur, à votre place, je me serais dénoncé.

— Il ne pouvait pas, dit la mère. Je te l'ai dit. Il est boursier, et son père est instituteur... Ce n'est pas bien riche, un instituteur. Si ce petit perdait sa bourse, il ne pourrait plus continuer ses études !...

— Il fallait y penser avant ! Et puis, quand on est boursier, on se tient tranquille. N'oublions pas que c'est avec mes impôts que le gouvernement paie cette bourse — et voilà un monsieur qui empeste une classe — et par-dessus le marché, il fait condamner mon fils ! C'est une bizarre mentalité. Si c'est ça la jeunesse moderne, ça nous fera de drôles de soldats ! Ce n'est pas à coups de boules puantes que nous reprendrons l'Alsace-Lorraine !

Cette idée absurde me parut comique, et je ne pus retenir un sourire.

— Et il rit ! s'écria le camionneur. On lui parle des provinces perdues, et ça le fait rire ! Ça, c'est le bouquet !

La mère intervint timidement :

— Écoute, Édouard, n'oublie pas qu'il a eu le courage de venir te dire la vérité.

— C'est toi qui l'as forcé à venir ?

— Pas du tout, dit la tante. C'est lui qui nous l'a proposé !

Le père fit quelques pas, puis revint vers son bureau et s'adressa à son fils :

— Alors toi, sur le moment, tu n'as rien dit ?

— J'ai dit : « Ce n'est pas moi », mais ils ne m'ont pas cru.

— Ça c'est passé quand ?

— Lundi matin.

— Et depuis lundi matin, tu n'as pas eu l'idée de le dénoncer ?

Le visage de Lagneau exprima aussitôt une surprise indignée.

— Moi ? dit-il, dénoncer un ami ? Ah, non ! C'est une chose qui ne se fait pas !

— Pourtant, tu savais que tu allais recevoir une correction !

— Oui, je le savais. Mais je comptais te dire la vérité et j'espérais que tu me croirais !

— Tu te trompais ! S'il n'était pas venu, je ne t'aurais pas cru.

— Tu vois, Édouard, s'écria la mère, comme tu es parfois injuste !

— C'est vrai, dit la tante, pathétique, vous ne faites jamais confiance à cet enfant !

Le père réfléchit encore un instant, puis il déclara :

— Finalement, tout n'est pas vilain dans cette affaire.

Il se tourna vers moi.

— Vous, vous n'avez pas le beau rôle, certes non ! Vous êtes venu ici, c'est vrai. Mais, avant de lancer cette boule puante, vous auriez pu penser à Monsieur votre père. C'est un honnête homme, Monsieur votre père. Qu'est-ce qu'il dirait, s'il apprenait votre conduite ?

L'apparition de mon cher Joseph dans cet imbroglio de mensonges et d'hypocrisies me gêna horriblement. Il insista :

— Oui, qu'est-ce qu'il dirait ? Qu'est-ce qu'il dirait, Monsieur votre père ?

J'avais envie de lui répondre : « Il dirait que vous êtes une andouille ! »

Mais, vraiment, je n'en eus pas le courage, et je secouai la tête tristement, trois ou quatre fois, tout en essayant avec le bout de ma langue de décoller cette moitié d'abricot qui adhérait toujours à mon palais.

Il y eut un assez long silence. Le gros camionneur marchait à pas lents de la porte à la fenêtre, et il paraissait plongé dans de profondes réflexions. Les femmes attendaient, muettes, mais déjà rassurées. Lagneau dans un fauteuil, les bras croisés, regardait le tapis — mais chaque fois que son père nous tournait le dos, il me faisait un clin d'œil, et lui tirait la langue. Enfin, le penseur arrêta sa promenade, et dit :

— Soit ! Puisqu'il est venu se confesser ici, je n'en dirai rien à personne, ni à son père ni au lycée.

— Bravo ! dit la tante. Bravo ! Édouard, vous êtes un homme généreux et un noble cœur !

— Mais attention à la prochaine fois ! ajouta-t-il, en levant vers moi un index menaçant.

— Il n'y aura pas de prochaine fois ! s'écria la mère, qui pleurait de joie. N'est-ce pas, Jacques ?

Jacques fut infâme, car il ouvrit de grands yeux innocents, et s'écria :

— Pourquoi me dis-tu ça à moi ? Moi j'y suis pour rien!

— Il a raison, dit le père. La seule chose qu'il ait faite, c'est de se laisser punir pour ne pas dénoncer un ami. Je le note. Je le note, et ce n'est pas à son déshonneur.

Tout en parlant, il s'était approché de son fils, et il posa sa grosse main sur la tête frisée de cette petite canaille, qui prit un air modeste et confus.

— Il a accepté la faute d'un autre, parce qu'il n'a pas voulu qu'on dise : « Le petit Lagneau, le fils du camionneur, a dénoncé un camarade. » J'en tiendrai compte. J'en tiens compte.

Il en tenait compte, en effet, car il me sembla tout à coup qu'il avait encore grandi ; je vis s'épanouir sur cet épais visage un sourire magnifique, et deux lumières mouillaient ses gros yeux.

Les résultats de cette aventure furent prodigieux. Tout d'abord, Lagneau, deux jours plus tard, trouva à son réveil, au pied de son lit, une étincelante bicyclette à changement de vitesse avec une selle rembourrée, et des pédales à patins de caoutchouc : le terrible camionneur s'était levé la nuit pour simuler (à la Pentecôte) un revenez-y du Père Noël. Cette récompense imméritée, qui aggravait ses responsabilités, le terrorisa. Mon ami se mit au travail avec une énergie surprenante : c'est-à-dire qu'en nourrissant Bigot de caramels mous, il lui fit faire ses versions latines. Il copia très exactement mes problèmes, et il consacra les jeudis à composer ses rédactions françaises avec la collaboration de sa tante.

De plus, il recopiait la leçon de latin, en grosses lettres, sur une feuille détachée d'un carnet, et il engageait le haut de la feuille sous le col du veston de Rémusat, qui était assis devant nous : il nous présentait ainsi, comme une sorte d'homme-sandwich, mais seulement visible à partir du second gradin, la fable de Phèdre, ou les règles sur l'emploi du superlatif étalées entre ses frêles omoplates. Toutes ces tricheries eurent une grande influence sur sa destinée, car il obtint, d'abord par la fraude, d'excellentes notes qui le remplirent d'orgueil et de confiance en soi ; d'autre part, à force de penser au truquage de ses études, il finit par s'y intéresser pour tout de bon et s'aperçut qu'il était plus facile d'apprendre ses leçons que d'organiser ces impostures compliquées. Enfin, dès que les professeurs commencèrent à le traiter en bon élève, il le devint véritablement : pour que les gens méritent notre confiance, il faut commencer par la leur donner.

Non, il n'obtint pas le prix d'excellence, mais le troisième accessit en latin et le quatrième en français, si bien qu'au dernier trimestre la tante, éperdue de joie, mais prisonnière de son passé, dut faire encore une fois un bulletin frauduleux (à cause du changement d'écriture, qui aurait pu intriguer le camionneur), mais elle n'y changea pas une seule note ni une seule observation. Ainsi, la belle bicyclette ne fut plus une escroquerie, mais une récompense prématurée.

Quant à moi, mon dévouement à l'amitié me valut de grands avantages. Tout d'abord, la mère et la tante me vouèrent une reconnaissance éternelle, et je fus invité tous les jeudis aux excursions devenues réelles, car Lagneau n'avait plus de retenues. Ces randonnées nous conduisaient à la Treille, à la Bouilladisse ou sur les collines d'Allauch. Mais à midi, au lieu de pain et de saucisson, la tante, qui était riche, nous offrait un vrai déjeuner dans un restaurant de village, où il y avait même des hors-d'œuvre ! (Lorsque je racontai à Paul que dans les restaurants, pour commencer, on nous servait une dizaine de petits plats, avec « de tout » et qu'on pouvait en prendre tant qu'on en voulait, sa voracité naturelle en fut grandement émue, et il alla demander à mon père si une telle prodigalité était possible.)

Vers quatre heures, nous rentrions chez Lagneau : sa mère avait préparé le goûter, c'est-à-dire des babas au rhum, des meringues, des choux à la crème et de fausses figues en pâte d'amandes, revêtues d'une épaisse peau verte : elles cédaient mollement sous la dent, pour éclater en délices sur la langue. Parfois, vers six heures, M. Lagneau arrivait, et il venait jeter un coup d'œil sur nos jeux... La première fois, je fus surpris et un peu inquiet en entendant son pas dans le vestibule. Il ouvrit la porte du salon, où nous faisions une partie de dames à plat ventre sur le tapis, et me dit : « Ah ! te voilà, bandit ? »

Et il me serra la main, comme à un homme.

Puis il demanda à sa femme :

— Tu les as fait goûter, au moins ?

Sans attendre la réponse — car il avait vu les assiettes par terre — il fit semblant de flairer l'air à la ronde, et il dit :

— Allons, aujourd'hui, le spécialiste n'a pas lancé de boules puantes ? Ça sentirait plutôt la crème à la vanille.

Et son rire sonna si fort que l'ange de verre se balança gracieusement, aux tintements des cristaux du lustre...

Au lycée, et quoique nous eussions juré le secret, Lagneau ne put résister au plaisir de raconter toute l'affaire à Berlaudier : il amplifia, bien entendu, la colère paternelle, et ne me fit intervenir qu'au moment où la canne allait retomber sur son derrière dénudé : je m'étais alors jeté à genoux en sanglotant, et mes aveux héroïques avaient arrêté le bras du bourreau.

Berlaudier commença par l'injurier en lui reprochant sa lâcheté, puis il vint honorer mon courage, et déclara en me serrant les deux mains que j'étais « un homme » et un ami. Cet éloge public intrigua Zacharias qui parvint à extraire de Berlaudier tous les détails de l'histoire. Alors, le fils d'Homère, à la récréation de quatre heures, chanta cette épopée au milieu d'un cercle attentif, et ses auditeurs me portèrent en triomphe à travers la cour.

On célébra mon héroïsme, on admira notre amitié, mais c'est l'ingéniosité de mon invention qui me valut l'estime et la reconnaissance de toutes les cinquièmes, et même de la cour des moyens.

Depuis l'ouverture du premier lycée, une consigne avait toujours été génératrice de gifles, coups de pied au derrière, promesses furieuses d'une mise au travail immédiate en usine, et de menaçantes lamentations paternelles qui duraient souvent plusieurs jours. J'avais transformé ces avanies en bicyclette, orgies de gâteaux, félicitations renouvelées dans une atmosphère de fierté familiale, et le scénario que j'avais établi était à la portée de tout le monde !

On ne se fit pas faute d'en user : c'est ainsi que Berlaudier alla un soir se confesser chez Duvernet, et prendre la responsabilité entière d'un pique-cul posé sur la chaise de Pétunia ; il en fut bien récompensé, car, trois semaines plus tard, Duvernet, tout chaud de reconnaissance, alla se jeter aux pieds du papa Berlaudier et s'accusa humblement d'avoir poussé ces « longs gémissements dans les couloirs » pour lesquels le fils était injustement puni.

Ainsi le faux coupable s'offrait sans dommage aux reproches parfois cruels, mais indolores, d'un père qui n'était pas le sien, tandis que le faux innocent partait subir la punition « imméritée » aux applaudissements de toute sa famille, émue et fière de le voir accepter dignement la faute d'un autre et sacrifier tout un jeudi sur les autels du respect de soi-même, de l'honneur scolaire, et de l'amitié.

La seule critique qui me fut adressée vint de Nelps, notre criminologiste, qui me parut discrètement jaloux.

— C'est un truc excellent, dit-il, malheureusement, ça ne peut servir qu'une fois !

— Une fois dans une famille, s'écria Berlaudier, mais ça pourra servir dans mille familles ! C'est quand même formidable d'avoir pensé à ça, et moi je trouve qu'il devrait écrire des romans !

4

La partie de boules de Joseph

Pendant les vacances qui couronnèrent cette année de cinquième, je retrouvai Lili transformé : c'était presque un jeune homme, et un fin duvet brun dessinait déjà sous son nez enfantin l'ombre d'une moustache.

Il s'était acoquiné avec le plus illustre braconnier du pays, Mond des Parpaillouns. Comme l'oncle Jules avait acheté un chien, un petit cocker blond, je déclarai à Joseph qu'il n'avait plus besoin de moi pour lever ou retrouver le gibier, et je me joignis à Lili et à Mond.

Il habitait un « mas » qui n'était qu'un long rez-de-chaussée, surmonté d'un grenier, et prolongé par une bauge, dans laquelle une truie maigre à faire peur, mais d'une longueur extraordinaire, pataugeait jusqu'au ventre dans un fumier de sa fabrication, et criait de faim toute la journée.

La façade du mas était lépreuse et décrépie, mais deux gros mûriers, survivants de l'époque du ver à soie, l'ombrageaient délicieusement.

A travers la pénombre de la grande cuisine, aux volets toujours mi-clos, on voyait d'abord danser des guêpes brillantes dans la poussière d'or d'un mince rayon de soleil. Elles venaient se nourrir des restes épars sur la table : soupe séchée dans des assiettes grasses, fragiles pattes de grives, croûtes de fromage, grains de raisins crevés, et trognons de poires ou de pommes.

Aux murs pendaient des tresses d'ail, d'échalotes, de tomates d'hiver, et le sol aux carreaux bossés était encombré par toutes sortes d'épaves : chaises dépaillées, poêlons de terre sans queue, cruches égueulées, seaux percés, bouts de corde chevelus, cages obliques, et tout un bric-à-brac d'outils agricoles hors d'usage.

Enfin, dans un coin, une longue paillasse sans le moindre châlit, et une couverture trouée représentaient la chambre à coucher... L'aspect du propriétaire répondait à celui de sa demeure.

Il était toujours vêtu d'un très vieux pantalon de velours jaune, merveilleusement râpé, et réparé aux genoux et aux fesses par des rectangles de velours gris. Sa chemise était grise, elle aussi, mais ce n'était pas sa couleur naturelle : toujours entrebâillée sur sa poitrine, elle laissait voir une toison grise et blanche qui ressemblait à celle du blaireau.

Il faisait sa toilette à sec, en se grattant, mais le dimanche, il taillait sa barbe avec un sécateur. Il s'était un jour cassé l'avant-bras, en tombant avec son escalier ; comme il avait prétendu se soigner lui-même, les os ne s'étaient jamais ressoudés, et il avait ainsi, entre le coude et le poignet, une articulation supplémentaire. Sa main pouvait prendre des positions surprenantes, et jusqu'à faire un tour complet sur elle-même, si bien que son bras ressemblait à une vis de pressoir. Il disait que c'était très commode : moi, je ne le regardais pas trop quand il en faisait la démonstration, parce que ça me donnait mal au cœur.

Il me prit en grande amitié, et m'enseigna la technique du piège à lapin, que j'avais désormais la force de tendre.

Il fallait d'abord choisir l'endroit : à l'abri du vent, entre deux romarins ou deux cades, et faire un rond « bien propre ». Au bord de ce rond, on installait une grosse pierre sur la queue d'un bouquet d'épis de blé, ou d'orge. Les rongeurs ne tardaient pas à profiter de l'aubaine, et presque toujours nous notions dès le lendemain les traces de leur passage, et il était désormais certain que le gourmand y reviendrait chaque nuit. Mond disait :

— Il est engrené !

Fatal engrenage ! Il ne nous restait plus qu'à enterrer le piège devant le bouquet d'épis.

Nous en prenions deux ou trois presque chaque jour, et de temps en temps Mond me donnait le plus beau, que je rapportais triomphalement à ma mère.

Or, nous découvrîmes un jour, au vallon de Passetemps, des bouquets qui n'étaient pas les nôtres. Mond se mit en colère avec de terribles jurons, contre le voleur inconnu qui venait engrener sur nos terres ; mais comme j'allais ramasser le bouquet, il m'arrêta du geste :

— N'y touche pas ! Si nous prenons ces épis, il

en mettra d'autres, ici ou ailleurs. Il y a bien mieux à faire : il faut pisser dessus ! Il ne le verra pas, et les lapins n'y toucheront plus ! Si nous le faisons à tous ses « engrenés », il finira par se décourager. Allez, zou, les enfants, pissez !

Ce que nous fîmes consciencieusement. Mais le brigand ne fut pas découragé tout de suite, et les bouquets ennemis se multipliaient : c'est pourquoi, avant de partir, Mond nous faisait boire trois ou quatre grands verres d'eau, afin de nous approvisionner. Il nous utilisait l'un après l'autre, et par petites doses, ce qui était fort pénible, car il fallait s'arrêter au commandement, pour recommencer au bouquet suivant ; mais il fallait bien payer notre apprentissage, et nous fûmes bientôt habitués à ces mictions interrompues.

Cependant, Jules et Joseph chassaient glorieusement derrière leur chien, dont ils disaient merveilles. Ce petit cocker se glissait habilement sous les broussailles ; invisible, il débusquait le gibier, et rapportait toujours la perdrix ou le lapin blessés. Mais un jour, voyant passer dans le fourré l'éclair d'un lièvre, ils tirèrent tous les deux en même temps, et ne manquèrent pas leur coup, car le pauvre cocker fut tué net.

Tout honteux de cette méprise de novices, ils expliquèrent sa disparition en nous disant qu'il avait suivi une chienne amoureuse, et n'avouèrent la vérité que plusieurs années plus tard. L'oncle Jules poussa la comédie jusqu'à demander plusieurs fois, en rentrant de la chasse, si le cocker n'était pas revenu à la maison, alors qu'il l'avait enseveli lui-même près de Font Bréguette, sous un tombereau de pierres. Mensonge véritablement cynique, dont il se débarrassait sans doute en confession.

Quoi qu'il en soit, les chasseurs réclamèrent mes services : je les leur accordai, mais seulement un jour sur deux, l'autre étant réservé à Mond...

***

Le bonheur de la famille était à peu près complet, et j'eusse été tout à fait heureux sans les abominables « devoirs de vacances ».

Joseph m'accablait de cyclistes, qui me poursuivaient jusque dans mes rêves. C'est en souvenir de ces misères qu'au mois de juillet je ne lis jamais les journaux qui célèbrent le Tour de France. Puis, à six heures, l'oncle Jules venait me faire mon affaire, accompagné de Mucius Scaevola, de Regulus, de Scipion Nasica, du Gérondif et du Supin. Pour comble de cruauté, son « exemple » favori était « Eo lusum », « Je vais jouer ». Lui, ça lui plaisait. Mais je prenais, sans le vouloir, un visage si lugubre que l'oncle disait : « Décidément, tu ne veux pas mordre au latin ? » Je ne répondais rien, mais c'est lui que j'avais envie de mordre. C'est un beau mot.

Toutefois, je dois reconnaître que Mond des Parpaillouns me consolait amplement de Plutarque et de Quinte-Curce, qui n'ont jamais été rien d'autre que de médiocres journalistes, dont nous avons fait des bourreaux d'enfants.

Par un beau soir de septembre, ma leçon de latin fut merveilleusement interrompue par la visite de M. Vincent, l'archiviste de la Préfecture, qui avait au village une belle situation morale. Il était accompagné par Mond des Parpaillouns, et par Lili, qui n'avait rien à faire dans cette ambassade, mais qui les avait suivis pour le plaisir de me voir.

Mon père les fit asseoir sous le figuier, et vint appeler l'oncle Jules, que je suivis aussitôt. Mond ouvrait dans sa barbe un grand sourire édenté, et M. Vincent parlait sérieusement, et même avec une certaine inquiétude, pendant que l'oncle débouchait une bouteille de vin blanc, et que Paul, tout en suçant de la gomme d'amandier, grimpait sur les genoux de Joseph.

— Voilà ce qui se passe, dit M. Vincent. Cette année, le Concours de Boules du Cercle sera particulièrement important. Le Cercle donne un prix de deux cents francs, la Mairie nous a accordé une subvention de deux cent cinquante francs, ce qui fait quatre cent cinquante francs. Il faut y ajouter les mises. Nous avons déjà reçu l'inscription de trente équipes, et je pense que dimanche nous serons à quarante. A dix francs par équipe, cela fait quatre cents francs de plus, soit, en tout, neuf cent cinquante. Nous avons diminué le second prix afin de gonfler le premier, qui sera de sept cent cinquante francs.

— Peste ! dit l'oncle Jules, ce n'est pas une bagatelle !

Sans être avare, il respectait l'argent à cause de son hérédité paysanne.

— Remarquez, dit M. Vincent, que le Cercle fait une bonne affaire ; c'est l'importance du premier prix qui a attiré quarante équipes, c'est-à-dire cent vingt joueurs, et sans doute autant de curieux, ce qui nous promet au moins trois cents apéritifs, une centaine de déjeuners, et cent bouteilles de bière : l'argent que nous avons mis de notre caisse sera largement récupéré, mais ce qui nous embête, c'est que Pessuguet est venu se faire inscrire, et c'est lui qui va rafler les sept cent cinquante francs !

Ce Pessuguet, c'était le facteur d'Allauch, qui frappait cinq boules sur six. Avec Ficelle, fin pointeur, et Pignatel, qui faisait un redoutable « milieu », ils étaient la terreur des banlieues, et on disait que c'étaient de « vrais professionnels ». Du reste, ils le disaient eux-mêmes avec fierté, et parce que Ficelle était des Accates, et que Pignatel venait de la Valentine, ils avaient baptisé leur équipe « la Triplette Internationale des Bouches-du-Rhône ».

— Si Pessuguet s'aligne, dit Mond, c'est une affaire réglée.

— Ma foi, dit Joseph, je les ai vus jouer l'année dernière. En finale, ils ont battu l'équipe d'Honoré, qui d'ailleurs n'a pas eu de chance. Ces étrangers sont assez adroits, mais il m'a semblé qu'ils avaient surtout beaucoup de malice. A mon avis, ils ne sont pas imbattables.

Et il fit un petit sourire qui me plut beaucoup.

— Bravo ! s'écria M. Vincent. Voilà comment il faut parler ! D'ailleurs, je ne dis pas ça pour vous flatter, mais moi je trouve que vous tirez aussi bien que Pessuguet !

— Vous ne m'avez pas vu jouer souvent, dit Joseph, et vous êtes sans doute tombé sur un bon jour ?

— Je vous ai vu au moins trois fois, dit M. Vincent, et j'ai vu pointer votre beau-frère : il a une drôle de façon de lancer ses boules, mais il fait toujours de bons points !

L'oncle Jules sourit d'un air malin, leva l'index et dit :

— Il n'y a que le résultat qui compte !

— Parfaitement ! dit M. Vincent. Et puis nous avons Mond, qui est un bon milieu — et ça ferait une jolie équipe des Bellons, qui aurait des chances de tenir tête à Pessuguet et peut-être de le battre !

— Malheureusement, dit mon père, nous sommes tout à fait à court d'entraînement.

— Il vous reste six jours pour vous entraîner et pour étudier de près le terrain du Cercle, où se joueront les dernières parties.

— Il faut essayer, dit Mond. Qu'est-ce qu'on risque ?

— On risque de gagner sept cent cinquante francs, dit l'oncle, ou alors les deux cents francs du second prix : ça serait déjà une consolation !

*
* *

Le village avait formé six équipes, dont trois n'avaient absolument aucune chance de gagner une seule partie : mais c'était une manigance de M. Vincent, il nous avait confié son plan.

Il nous fit savoir que, d'après ses renseignements, Pessuguet transpirait beaucoup et se laissait facilement tenter par la bière fraîche : c'est pourquoi, vers le soir, son tir perdait quelquefois sa meurtrière efficacité. Il fallait donc faire durer le concours le plus longtemps possible, et c'est pourquoi M. Vincent s'efforçait de réunir au moins quarante équipes, afin que la finale ne pût avoir lieu qu'après quatre parties en quinze points, vers les six heures du soir, au déclin du soleil et de Pessuguet.

L'équipe des Bellons descendit donc au village pour s'entraîner, sur le terrain même où se jouerait la finale, et l'équipe d'Honoré lui donnait la réplique. J'étais assis sur le parapet, entre Paul et Lili, et nous encouragions nos joueurs par des cris d'admiration et des applaudissements. L'oncle Jules et Joseph mesuraient les pentes, marquaient des repères à la craie sur le tronc des platanes (afin de pouvoir juger des distances au premier coup d'œil), examinaient les moindres cailloux incrustés dans le sol avec une attention minutieuse. L'oncle Jules fut élégant, Mond efficace, Joseph éblouissant, et M. Vincent radieux. Le cinquième jour, il était si content qu'il conseilla à nos joueurs d'arrêter leur entraînement, et de prendre quarante-huit heures de repos, comme font les grands athlètes. Les boules furent mises de côté, et j'en profitai pour les astiquer, avec l'aide de ma mère et de Lili.

Levés de bonne heure, nous prîmes au passage Lili, puis Mond des Parpaillouns, et nous descendîmes vers le village. Je portais deux petits sacs, qui contenaient les boules de mon père et celles de l'oncle Jules. Lili eut l'honneur de porter celles de Mond.

Comme nous arrivions au Baou, les cloches de l'église sonnèrent : l'oncle Jules prit le pas gymnastique, car il craignait de manquer la messe célébrée spécialement pour les concurrents.

J'aurais bien voulu y assister, par curiosité pure : mais Joseph, sévèrement laïque, m'entraîna sur l'Esplanade, où déjà un certain nombre de joueurs s'exerçaient au tir, ou examinaient le terrain avec des mines d'experts. Adossé au mur, un homme de taille moyenne, noir, la joue pâle et creuse, regardait ces exercices d'un air glacé : pourtant, suspendue au bout d'un index recourbé, je vis une sorte de muselière de cuir qui contenait deux boules d'argent.

— Çui-là, c'est Pessuguet, dit Mond.

— Je le croyais plus grand, dit mon père.

— Quand il joue, il tient de la place.

M. Vincent sortit de la messe avant la fin.

— Il faut que je prépare le Tirage au Sort !

Il fila vers le Cercle.

***

Ce fut une imposante cérémonie.

Sous les platanes, devant le Cercle, il y avait une foule d'au moins deux cents personnes. On reconnaissait les joueurs parce qu'ils portaient le numéro de leur équipe sur une étiquette à ficelle accrochée à leur boutonnière. Les Bellons avaient le 33, Pessuguet le 13, ce qui était pour nous de bon augure.

Au fond du terrain, devant la façade, on avait dressé une estrade. Sur cette estrade, une longue table. Derrière la table, monsieur Vincent, entre deux personnages importants : le président de la Boule Joyeuse de Château-Gombert (qui était maigre et solennel dans un costume noir) et le président des Quadretty de la Cabucelle; c'était un jeune homme de la ville, mais on le regardait, avec respect, parce qu'on disait qu'il était journaliste « sportif », et qu'il parlerait du Concours dans *le Petit Provençal*. Enfin, devant la table, une très jolie petite fille de six ou sept ans, qui était tout intimidée sous un grand ruban rose en forme de papillon géant.

M. Vincent secoua une sonnette et dit :

— Mesdames et messieurs, notre trente et unième concours de boules va commencer. Il se déroulera selon les règles de la Fédération Bouliste des Bouches-du-Rhône, dont un exemplaire imprimé a été remis à chaque équipe. Comme vous êtes venus en grand nombre (et je vous en remercie) le premier tour va comporter dix-neuf parties, et il nous a fallu trouver dix-neuf terrains. Ces terrains ne sont pas tous très bons, mais ça n'a pas une grande importance pour des joueurs de votre valeur et, pour qu'il n'y ait pas de dispute, nous les avons numérotés : le numéro un sera attribué à la première sortie du sac, et ainsi de suite. Comme il est déjà huit heures et demie, je ne veux pas gaspiller notre temps en paroles vaines, et je confie le choix du Destin à la main de l'Innocence.

Sur quoi, il tendit à la petite fille l'ouverture d'un sac qui servait d'ordinaire aux joueurs de Loto.

Timidement, elle en tira deux pastilles de bois, et M. Vincent annonça :

— Le 13 joue contre le 22 sur le terrain n° 1, c'est-à-dire au bout de l'Esplanade.

On entendit des soupirs de soulagement, et plusieurs se frottèrent les mains gaiement : ils étaient délivrés de Pessuguet, tout au moins pour le premier tour. L'équipe 22 était formée de trois paysans de Ruissatel. Ils accueillirent ce coup du sort avec une résignation souriante, tandis que Pessuguet, pressé d'en finir, les entraînait vers l'Esplanade comme à l'abattoir. L'équipe des Bellons fut opposée par le Destin à celle d'Eoures : de bons joueurs mais dont la réputation n'était pas terrifiante, et de plus, le sort leur attribua le terrain du Cercle, qu'ils avaient longuement étudié : ils durent cependant attendre la fin du tirage au sort pour avoir la place libre.

Naturellement, je restai, avec Lili, François et quelques autres — dont M. Vincent — près de l'équipe des Bellons, qui jouait contre ceux d'Eoures. L'oncle Jules était brillant, et sa boule, par des chemins imprévus, allait presque toujours mourir sur le bouchon. Mon père n'était pas content, parce qu'il manquait une boule sur deux, et paraissait énervé, mais Mond, malgré ou grâce à son bras en tire-bouchon, jouait magistralement. Au bout d'une demi-heure, ils « menaient » par 8 à 2. Comme leur victoire me paraissait assurée, je proposai à Lili d'aller sur l'Esplanade, pour voir où en était le massacre de Pessuguet. Comme nous débouchions de l'étroite ruelle, nous entendîmes le choc métallique d'un carreau, puis la voix de Pessuguet qui disait :

— 15 à zéro ! C'est une Fanny !

La foule fit de grands éclats de rire, et des bravos à l'adresse de Pessuguet tandis que les hommes de Ruissatel ramassaient leurs boules, et les remettaient dans les petits sacs sans lever les yeux. Quelques-uns leur lançaient des plaisanteries, et tout à coup plusieurs garçons partirent en courant vers le Cercle en criant « Fanny ! Fanny ! » comme s'ils appelaient une fille. Alors Pessuguet prit ses boules qu'un admirateur avait ramassées pour lui, et dit à mi-voix :

— Je crois qu'il y en aura d'autres !

Il avait l'air si décidé que j'en fus épouvanté.

⁂

Devant le Cercle, il y avait déjà deux douzaines de joueurs qui venaient de finir leurs parties, et parmi eux, je vis avec joie notre équipe des Bellons, qui avait battu Eoures par 15 à 8. Il était facile de reconnaître les vainqueurs : ils frappaient leurs boules l'une contre l'autre, ou les fourbissaient avec leurs mouchoirs et ils étaient en bras de chemise. Les vaincus avaient remis leurs vestons ; leurs boules étaient déjà serrées dans les sacs ou les muselières, et plusieurs se querellaient, en se rejetant la responsabilité de la défaite.

A la table officielle, le journaliste notait soigneusement les résultats de chaque partie sur un petit registre et faisait signer les chefs d'équipe. Pendant ce temps, M. Vincent triait ses numéros pour le tirage au sort du second tour, car il fallait supprimer les sortis.

Quand ces travaux furent terminés, M. Vincent lut solennellement les résultats, qui furent salués par des applaudissements et quelques protestations. Puis, dans un grand silence, comme il présentait l'ouverture du sac à la petite fille, la voix de Pessuguet s'éleva :

— Et la cérémonie?

Alors les jeunes se mirent à crier en chœur :

— La Fanny ! La Fanny !

— C'est la tradition, dit le journaliste. Il me semble que nous devons la respecter !

A ces mots, deux jeunes gens entrèrent en courant dans la salle du Cercle, et en rapportèrent, au milieu de l'allégresse générale, un tableau d'un mètre carré, qu'ils tenaient chacun par un bout.

Les trois perdants s'avancèrent, avec des rires confus, tandis que la foule applaudissait. Je m'étais glissé jusqu'au premier rang, et je vis avec stupeur que ce tableau représentait un derrière ! Rien d'autre.

Ni jambe, ni dos, ni mains. Rien qu'un gros derrière anonyme, un vrai derrière pour s'asseoir, que le peintre avait cru embellir d'un rose qui me parut artificiel.

Des voix dans la foule crièrent :

— A genoux !

Docilement, les trois vaincus s'agenouillèrent. Deux faisaient toujours semblant de rire aux éclats, mais le troisième, tout pâle, ne disait rien, et baissait la tête.

Alors les deux jeunes gens approchèrent le tableau du visage du chef de l'équipe, et celui-ci, modestement, déposa un timide baiser sur ces fesses rebondies.

Puis il fit un grand éclat de rire, mais je vis bien que ce n'était pas de bon cœur. Le plus jeune, à côté de lui, baissait la tête et le muscle de sa mâchoire faisait une grosse bosse au bas de sa joue. Moi, je mourais de honte pour eux... Cependant, quelques-uns les applaudirent, comme pour les féliciter de la tradition, et M. Vincent les invita à boire un verre : mais le chef refusa d'un signe de tête, et ils s'éloignèrent sans mot dire.

***

Les deuxième et troisième parties se déroulèrent sans incident notable : Pessuguet écrasa tour à tour l'équipe d'Honoré, puis celle des Camoins. Elles réussirent cependant à sauver l'honneur, en marquant l'une quatre points, l'autre deux. Vraiment, la Triplette Internationale des Bouches-du-Rhône savait manier les boules, et je commençai à douter de la victoire des Bellons, qui venaient pourtant de battre, dans un très joli style, les Accates et les Quatre Saisons.

A midi, il ne restait plus que cinq équipes en ligne : Pessuguet, les Bellons, les Camoins, la Valentine et Roquevaire.

Tout fiers de ces premiers succès, nous remontâmes déjeuner à la Bastide-Neuve, avec Lili et Mond, invités d'honneur, malgré les protestations de Mond, qui prétendait qu'il ne saurait pas manger assis. Il finit cependant par accepter ; mais en passant devant sa maison, il courut donner encore un petit coup de sécateur à sa barbe, et alla même jusqu'à se laver les mains.

D'ailleurs, il se tint très bien à table. Cependant, je demandai à mon père :

— Puisqu'il ne reste que cinq équipes, comment va-t-on faire le tirage au sort ?

— C'est bien simple, dit Joseph. Le premier sorti du sac jouera contre le second, et le troisième contre le quatrième. Quant au cinquième, il se reposera, et il sera admis au tour suivant comme s'il avait gagné.

— Ce n'est pas juste ! dit ma mère.

— Si c'est nous que ça nous arrive, dit Mond, nous trouverons que c'est juste !

— Et puis, comment faire ? dit Joseph. Puisqu'à chaque tour il faut diviser par deux le nombre des équipes, on tombe fatalement sur des nombres impairs ! A moins que le nombre total des équipes ne fasse partie d'une progression géométrique basée sur deux, comme 2, 4, 8, 16, 32, 64, etc.

Mais..., dit l'oncle Jules, et il se lança dans une théorie mathématique : je refusai d'entendre cette leçon de calcul supplémentaire et je voyais les trois hommes agenouillés devant cet énorme derrière, dont je ne comprenais pas la signification, mais je n'osais pas en parler, surtout à table...

***

C'est à six heures du soir, ainsi que l'avait prévu l'astucieux M. Vincent, que la dernière partie put commencer. Il faisait encore très chaud, et le soleil déclinait rapidement. La finale opposait l'invincible Triplette des Bouches-du-Rhône, qui avait triomphé facilement de ses adversaires, et notre chère équipe des Bellons.

Nous étions partagés, Lili et moi, entre la fierté de voir nos champions accéder à la finale et la crainte à l'idée de l'humiliante défaite que le terrible Pessuguet allait leur infliger.

Celui-ci, en entrant sur le terrain et en apercevant Joseph des Bellons, fit un petit sourire qui me déplut. De plus, à pile ou face, il gagna l'avantage de lancer le bouchon le premier, ce qui me parut de mauvais augure — et la partie commença, entre deux haies qui avaient chacune trois rangs d'épaisseur. Il y avait un grand silence au départ de chaque boule ; elle roulait ensuite sous des arches de gémissements angoisseux, et son arrêt était suivi d'une explosion de cris d'admiration ou de malédictions, puis de commentaires techniques.

Par malheur, la chance n'était pas de notre côté, et l'on vit bientôt que Mond n'était plus maître de l'articulation surnuméraire. Pessuguet, qui était dans le civil facteur des postes, ne pouvait contenir de petits éclats de rire sarcastiques quand la boule de Mond, animée d'étranges tourbillons dus au dérèglement de sa patte folle, revenait en arrière après avoir touché le sol. Joseph était pâle et l'oncle Jules rouge comme un poivron. L'équipe de Pessuguet, en trois mènes, marqua huit points... Lili secouait la tête, navré, et plusieurs de nos « supporters », par délicatesse, quittèrent la partie.

Je tremblais de rage, à cause de la chance insolente de ces étrangers et de l'incroyable déveine des nôtres. L'oncle Jules, après avoir longuement examiné le terrain, lança sa boule si haut qu'elle frappa la branche d'un platane et faillit lui tomber sur la tête, si bien qu'il roula longuement l'r unique du mot de Cambronne, pendant que les étrangers s'esclaffaient indignement.

Quand les Pessuguet eurent marqué douze points d'affilée, M. Vincent, l'archiviste de la Préfecture, donna l'ordre de commencer le bal sur la place, pour détourner l'attention d'une si douloureuse épreuve. Tous les spectateurs furent heureux d'avoir ce prétexte pour fuir vers la place... Lili et moi, nous les suivîmes, et le boulanger résuma l'impression générale en disant :

— C'est une boucherie !

M. Vincent, soucieux, ajouta :

— Pourvu que ce ne soit pas une Fanny !

Cette idée me bouleversa ; j'imaginai Joseph et l'oncle Jules agenouillés devant ce derrière, présenté par l'affreux Pessuguet. Quelle honte éternelle pour notre famille ! J'en avais la chair de poule, et Lili me répétait :

— C'est la faute de Mond ! Avec ce bras mou comme une tripe, il ne devrait pas jouer aux boules ! C'est tout de sa faute !

J'étais de son avis, mais ça n'arrangeait rien ; et pendant que l'orchestre attaquait la polka, j'allai me cacher derrière le tronc du gros mûrier, et Lili me suivit sans mot dire.

La musique faisait un bruit terrible, et les pétarades du cornet à piston devaient aller mourir jusqu'aux échos du Taoumé. Tout le monde s'était mis à danser, et j'en étais bien content : ainsi personne n'irait voir la cérémonie de la Fanny, si par malheur elle avait lieu.

En tout cas, moi je n'irais pas, et j'étais bien sûr que M. Vincent n'irait pas non plus, ni M. Féraud, le boulanger, ni le boucher, ni personne de nos vrais amis. Mais les enfants, peut-être, iraient rire de l'humiliation de mon père? Je le dis, d'une voix tremblante, à Lili.

— Viens, me dit-il, viens !

Il m'entraîna vers une ruelle, où se trouvait l'écurie de M. Féraud. Il prit la clef dans un trou du mur, entra, et ressortit avec un fouet de roulier et une forte tige de bambou, qu'il me tendit :

— Avec ça, dit-il, s'ils y vont, ils n'y resteront pas longtemps !

***

Sur la place, on dansait toujours. Moi, j'attendais le cœur battant, mais je n'osais pas aller au cercle, où l'honneur du nom était en péril.

Pourtant, comme il y avait au moins dix minutes que nous avions quitté ce lieu fatal, un faible espoir me vint tout à coup.

— Lili, si c'était fini, nous le saurions déjà. Et si ce n'est pas fini, c'est qu'ils ont dû faire au moins un point. Parce que les autres, il ne leur en manquait que trois, et ils les auraient déjà faits...

— Ça c'est vrai, dit-il. Oui, sûrement ils ont fait un point, et peut-être deux, et peut-être trois. Je ne dis pas qu'ils vont gagner, mais au moins, ça ne sera pas Fanny... Tu veux que j'aille voir ?

Avant que j'aie pu répondre, il était déjà parti.

Le piston nasillait une valse, et toute la jeunesse tournoyait sur la place, qui maintenant était à l'ombre, car le soleil était tombé derrière le clocher. Je me répétais :

— Au moins un point ! Sûrement un point !

Lili parut au coin de la ruelle. Mais au lieu de venir vers moi, il s'arrêta, mit ses mains en cornet, et d'une voix claire et dure, il cria :

— Les Bellons mènent par 13 à 12 !

La musique s'arrêta net, les couples hésitèrent. Il cria de nouveau :

— 13 à 12 pour les Bellons ! Venez vite !

Il repartit vers le cercle, et je courus après lui. L'homme du piston courait à côté de moi, et toute la foule suivait.

Comme nous arrivions au Jeu de Boules, le gérant du cercle s'élança à notre rencontre, les deux bras levés, les paumes en avant.

— Attention, cria-t-il. Restez ici ! Ne troublez pas les joueurs ! Du silence, pour l'amour de Dieu ! ON MESURE !

La foule s'aligna tout le long du terrain, et les hommes marchaient sur la pointe des pieds.

Sous les platanes les six joueurs étaient rassemblés, autour d'une dizaine de boules qui entouraient le bouchon. Quatre hommes, dont mon père, étaient debout, les poings sur les hanches. Ils regardaient l'oncle Jules, et Pessuguet, qui étaient à croppetons. L'oncle Jules mesurait le point avec une ficelle, et Pessuguet le surveillait, d'un air mauvais. Il cria soudain :

— Le second point n'y est pas ! Je vous l'avais dit !

— C'est exact, dit l'oncle Jules en se relevant. Nous n'en avons qu'un. Mais il nous reste une boule à jouer.

Et il montra Joseph, qui s'avançait, une boule à la main. Il était calme, et souriant. Il regarda le jeu et dit :

— En pointant, je ne le gagnerai pas, et je risque même de faire entrer leur boule.

— En tirant, dit Pessuguet, vous risquez de faire partir la vôtre. Et puis, même si la mienne s'en va, ça ne change rien, parce que nous tenons aussi par la boule de Pignatel...

— Oui, dit Joseph. Mais si je réussis un carreau, ça nous fera quinze...

Il revint vers le « rond », d'un pas décidé. Dans l'espoir de le troubler, Pessuguet courut soudain vers lui, regarda d'un air soupçonneux le pied gauche de Joseph, et se baissa pour constater que ce pied ne « mordait » pas sur le rond. Pendant ce temps, Pignatel, qui était resté près du jeu, faisait trois pas de côté, afin de projeter son ombre sur la boule visée. M. Vincent, dans la foule, cria :

— Hé l'ami ! Tirez votre ombre de là ! Faites « soleiller » la boule !

Mais ce gredin de Pignatel faisait semblant de ne pas comprendre que c'était à lui qu'on parlait. Alors, Mond des Parpaillouns s'approcha de lui, et dit aimablement :

— O Pignatel, pousse-toi un peu !

Et sans attendre qu'il « se poussât » de lui-même, il lui posa sa meilleure main sur l'épaule, et l'envoya valser à deux mètres, en disant d'un air mauvais :

— Pardon, excuses.

— C'est le règlement ! cria le gérant du Cercle. La boule doit « soleiller » !

Pignatel n'insista pas. Joseph, le talon gauche

au milieu du rond, la pointe du pied relevée, visa longuement, dans un silence solennel. Mais comme il allait prendre son élan, une quinte de toux stridente déchira la gorge de Ficelle : Joseph s'arrêta, sans manifester la moindre impatience, mais la foule murmura, indignée, et le gros Elzéar, le Roi du Pois Chiche, cria :

— A ce qu'il paraît qu'aux Accates, ils ont la coqueluche jusqu'à cent ans !

Mond s'approcha de Ficelle, et dit à voix haute :

— Le meilleur remède pour ça, c'est de lui frapper dans le dos !

Mais comme il levait sa grosse patte, Ficelle fit quatre pas en arrière, en disant : « Non, merci... c'est pas la peine ! »

Le silence retomba... Alors, Joseph fit les trois sauts réglementaires, et sa boule fila dans les airs, étincelante comme un petit soleil. Je ne pouvais plus respirer, et la main de Lili serra mon bras brusquement, tandis que la dernière boule n'en finissait plus de tomber... Et soudain, un claquement retentit : la boule noire de Pessuguet se mit à briller comme l'argent. Joseph avait réussi le carreau. Immobile, et souriant à peine, il dit de sa voix naturelle :

— Et ça fait quinze !

Alors, des applaudissements crépitèrent, mêlés de cris et de bravos, et la foule se rua vers lui, tandis que monsieur le curé, le dernier mot des vêpres sur la bouche, descendait au galop la ruelle, en relevant sa soutane à deux mains.

Alors, on but le champagne — oui, Joseph fut

forcé d'en boire une pleine coupe, et ma mère accourue dut y tremper ses lèvres la première. Puis l'oncle Jules leva sa coupe, et dit mille choses agréables, mais très justes, sur le courage admirable de Joseph, et sa science, et son adresse, et qu'il n'avait jamais désespéré et sur son courage admirable. (Je l'ai déjà dit, mais l'oncle Jules le dit plusieurs fois.) Ensuite, Joseph (par modestie) déclara que l'oncle Jules exagérait (mais il n'avait pas exagéré du tout) et que c'était lui, Jules, qui avait gagné la partie, par sa stratégie, et son intelligence, et sa finesse, et sa merveilleuse connaissance du terrain. Mais moi je pensais qu'il aurait bien fait de regarder un peu en l'air, et de se méfier des branches de platane. Puis mon père félicita Mond des Parpaillouns, et il expliqua qu'au commencement de la partie sa troisième articulation s'était coincée, et qu'elle l'avait trahi ; mais qu'ensuite, quand Mond l'avait remise en place, en tirant dessus, il avait réussi des points aussi beaux que ceux qu'on applaudit à la finale du Concours du *Petit Provençal.* M. Vincent félicita tout le monde, et déclara que Pessuguet et ses hommes avaient eu tort de partir, parce qu'on leur aurait tout de même offert du champagne, parce qu'ils avaient très bien joué, et que ce n'était pas leur faute s'ils avaient trouvé plus forts qu'eux. Enfin, après de grands applaudissements qui firent rougir les trois des Bellons, il proposa à ma mère de venir officiellement ouvrir le bal avec lui.

C'est ainsi que je la vis tournoyer dans ses bras au son d'une valse étincelante. Elle souriait, la bouche entrouverte, la tête en arrière, et elle tournait si vite que sa robe se soulevait, et que tout le monde pouvait voir ses chevilles. On aurait dit une jeune fille. Mais je me rendis compte qu'elle ne perdait pas de vue son Joseph, qui dansait, un poing sur la hanche, avec la boulangère d'Eoures, une belle jeune femme brune. Il lui parlait tout en valsant, et il me sembla bien qu'il lui faisait des compliments. L'oncle Jules, de son côté, dansait fort cérémonieusement avec une vieille demoiselle à dentelles, qui valsait les yeux fermés, tandis que la tante Rose se laissait conduire par un estivant inconnu, mais distingué.

5

Zizi

C'est en quatrième A2, que notre professeur principal fut M. Galeazzi, plus connu sous le nom de Zizi.

Il était grand, maigre, légèrement voûté, et portait une barbe pointue, déjà blanchissante. Son nez aquilin n'était pas petit ; son regard gris bleuté sortait toujours tout droit de ses yeux immobiles, des yeux de verre : pour regarder à droite ou à gauche, c'était sa tête qui pivotait, comme celle d'un phare. Sa voix était faible, mais nette, et son articulation détachait sévèrement chaque syllabe.

Je ne dirai pas qu'il nous faisait peur : il nous inquiétait, comme un lézard ou une méduse, et j'étais sûr qu'il avait la peau froide des pieds à la tête.

Son autorité était grande : il nous la montra dès le premier jour, en expédiant les jumeaux à la permanence.

Ces deux farceurs étaient des Grecs d'une grande famille marseillaise. Beaux comme des statues, et le teint doré, on ne pouvait les distinguer l'un de l'autre et ils portaient des vêtements rigoureusement semblables. L'un répondait modestement au prénom de Périclès, l'autre c'était Aristote.

On les avait déjà mis à la porte de plusieurs pensionnats, où ils avaient abusé de leur ressemblance pour compliquer l'existence d'infortunés professeurs, et ils nous avaient promis de nous régaler par quelques tours de leur façon. Mais ils n'en eurent pas le temps.

Périclès s'était installé au premier rang, près de la porte, tandis qu'Aristote s'exilait là-haut, dans la dernière travée, devant la fenêtre qui s'ouvrait sur la cour de l'internat.

Zizi fut d'abord stupéfait de voir le même élève en deux endroits différents, et il lui fallut trois « aller-retour » de sa tête pivotante pour s'assurer qu'il ne rêvait pas : une fois trouvée la certitude, il leur demanda leurs prénoms, dont l'énoncé fit éclater de rire toute la classe.

Alors, sans le moindre respect pour leurs augustes parrains, Zizi déclara que cette parfaite ressemblance le troublait, et qu'il ne se croyait pas capable de supporter la présence d'un élève double.

Il les avertit donc qu'il ne les recevrait pas dans sa classe l'après-midi s'ils ne se présentaient pas avec des cravates de couleurs différentes ; en attendant, il pria le philosophe et le général d'aller passer la matinée à la permanence, et d'y traduire, ensemble ou séparément, le premier chapitre de César.

L'après-midi, Aristote revint avec une cravate rouge, tandis que celle de Périclès était gorge-de-pigeon.

Zizi les installa au tout premier rang, côte à côte, devant la chaire. Ainsi différenciés par la couleur et la contiguïté, les jumeaux ne perdirent pas courage. De temps à autre — et souvent deux fois dans la même journée — ils échangeaient leurs prénoms et leurs cravates, et ils semblaient tirer de cette petite imposture de grandes satisfactions personnelles.

Zizi, qui devina certainement leur manège, ne consentit jamais à s'en apercevoir. Instruit à la rude école des stoïciens, il se borna à punir ou à récompenser, selon leur mérite, chacune des deux cravates, et à l'appeler par son prénom, sans daigner poser la moindre question sur l'identité du porteur. Les jumeaux, dépersonnalisés par cette indifférence, et réduits à l'état de cravates, en furent si profondément humiliés qu'Aristote se fit tondre les cheveux à ras, sans que Zizi manifestât la moindre surprise : ils finirent par se résigner, apprirent leurs déclinaisons, et devinrent bientôt capables d'aborder les *Commentaires* de César.

Ce César, c'était la religion de Zizi. Pareil à ces indigènes des îles du Pacifique, qui tirent du même palmier leurs palissades, leur toit, leur vin, leur pain, leurs flèches et leurs costumes, notre Zizi tirait de César nos explications de texte, nos versions, nos analyses grammaticales, nos leçons et nos punitions... Il en avait même fait un nom commun, et disait :

— Monsieur Schmidt, vous me ferez deux heures de retenue, et « un César », ce qui signifiait : « Vous me traduirez un chapitre de César »...

Je fis au début de grands efforts pour participer à la conquête des Gaules : mais il était vraiment pénible de suivre les marches et les contremarches de ces massacrantes légions, à travers des forêts garnies de chevaux de frise, que protégeaient (en avant-postes) des escouades de participes futurs, flanqués de supins et de gérondifs, et dont on ne sortait que pour patauger dans des marécages où coassaient des chœurs d'ablatifs absolus.

Cependant, sentimentalement, cette guerre m'intéressait, à cause de Vercingétorix, notre Auvergnat national — et les victoires de César me mettaient la rage au cœur, car elles n'étaient dues qu'à des trahisons, à de la technique, et au matériel de guerre.

Il avait des balistes, des catapultes, des onagres, des frondes, et les glaives des légionnaires étaient en fer forgé, tandis que mes ancêtres les Gaulois brandissaient de longues épées de bronze, qui se tordaient au premier coup : il fallait alors les redresser immédiatement, en appliquant le milieu de la lame sur le genou, et en tirant sur les deux extrémités : c'est pendant cette opération que les légionnaires poussaient leur glaive rigide dans l'ombilic de l'Arverne ou du Ségobrige irréparablement embrochés.

Lagneau lui-même en était indigné, et j'avais un furieux désir d'intervenir personnellement dans ces bagarres. Je me voyais à la tête d'un détachement de demi-pensionnaires, armés de carabines Flobert, celles des Tirs de la foire : avec une bonne provision de cartouches, nous aurions pu inverser le dénouement de cette guerre des Gaules, et reconduire les légions galopantes jusqu'au Rubicon, que le petit homme chauve eût franchi le premier, et sans la moindre hésitation : mais ce n'était là qu'une rêverie, et mon amertume grandissait à mesure que César approchait de Gergovie.

Par bonheur, un jeune pion qui surveillait nos récréations à quatre heures, et qui bavardait en camarade avec les élèves, nous affirma que nos ancêtres les Gaulois étaient des Allemands, des Suisses, des Flamands, et que les légionnaires de Rome étaient des Russes, des Bulgares, des Serbes, et des Hongrois. Je renonçai donc aussitôt à participer sentimentalement à ces batailles entre des étrangers, et je considérai désormais ces *Commentaires* comme un interminable recueil de versions latines.

*
* *

C'est alors qu'un événement fortuit transforma ma vie scolaire.

Lagneau — à qui sa mère donnait des fortunes, c'est-à-dire cinq francs par semaine — avait trouvé, dans la boîte d'un bouquiniste, trois fascicules de *Buffalo Bill*, au prix de un franc les trois. Il lui restait tout juste un franc, car il s'était gavé la veille de caramels mous ; il s'empara aussitôt des fascicules, mais il découvrit au fond de la boîte un petit livre jauni par le temps, qu'il eut la curiosité d'ouvrir : c'était la traduction française des *Commentaires* de César, avec, en bas de page, le texte latin. Il n'hésita qu'une seconde, et sacrifia Buffalo Bill à Jules

César, car il avait le sens des réalités, et le lendemain matin, à la première étude, celle de huit heures moins le quart, il déposa sur mon pupitre cette liasse de feuilles jaunies, qui allait être pour nous aussi utile qu'une rampe dans un escalier.

Il faut dire, sans modestie, que je sus m'en servir habilement.

Après avoir retrouvé le chapitre d'où était extraite notre version latine de la semaine, j'en recopiais la traduction ; mais afin de ne pas éveiller la méfiance maladive de Zizi, je crédibilisais nos devoirs par quelques fautes.

Pour Lagneau, deux contresens, deux faux sens, deux « impropriétés ». Pour moi, un faux sens, une erreur sur un datif pris pour un ablatif, trois « impropriétés ».

Peu à peu, je diminuai le nombre de nos erreurs, et j'en atténuai la gravité. Zizi ne se douta de rien : un jour, en pleine classe, il nous félicita de nos progrès, ce qui me fit rougir jusqu'aux oreilles. Car j'avais honte de ma tricherie et je pensais avec une grande inquiétude à la composition, qui aurait lieu en classe, sous la surveillance de Zizi lui-même : le jour venu, il nous dicta une page de Tite-Live, et je fus d'abord épouvanté. Cependant, en relisant ce texte, il me sembla que je le comprenais assez bien, et j'eus une heureuse surprise lorsque je fus classé troisième, tandis que Lagneau était classé onzième. Je compris alors que mes tricheries m'avaient grandement profité, en développant mon goût du travail, et mon ingéniosité naturelle.

6

Je suis poète

A cette époque, nous avions dû quitter la cour des Petits — où nous étions les Grands — et passer dans la cour des Moyens, où nous fûmes les Petits. Situation un peu humiliante, mais qui avait ses avantages, car ceux de Troisième et de Seconde, pendant les récréations, nous donnaient parfois la solution de nos problèmes d'arithmétique ou de géométrie. De plus, ils nous enseignèrent de nouveaux gros mots, inconnus dans la cour des petits, et nous apprirent à fumer, cachés derrière un pilier des arcades du préau, en dispersant la fumée révélatrice au moyen de la main gauche agitée en éventail. Enfin, ils nous donnèrent de précieux renseignements sur nos nouveaux professeurs, qui avaient été les leurs, et nous révélèrent le nom véritable de Pœtus, qui était notre nouveau maître d'étude, car nous avions — bien à regret — quitté le cher monsieur Payre.

Ce surnom n'avait aucun rapport avec le célèbre Pétomane, comme le croyait Lagneau. Pœtus s'appelait en réalité Leroux ; mais chaque année, en hiver, c'est-à-dire à la saison des grippes et des bronchites, il remplaçait les professeurs de lettres que la fièvre retenait chez eux. Et chaque année il dictait aux élèves la même version latine intitulée « La mort de Pœtus Cecina », car ce n'étaient pas les mêmes élèves.

Ce Pœtus, qui était sans doute un noble romain, fut condamné à mort par l'Empereur Claude, on ne sait pourquoi ; mais par une faveur spéciale l'empereur l'autorisa à se tuer lui-même, et lui envoya un très beau poignard.

Pœtus examina cette arme, en tâta le tranchant du bout du doigt, hocha la tête, puis parut réfléchir longuement.

Alors sa femme Aria s'avança, prit le poignard, et se l'enfonça dans la poitrine, en disant : « Pœte, non dolet », c'est-à-dire : « Pœtus, ce n'est pas douloureux. »

Alors Pœtus arracha le poignard sanglant, s'en perça le cœur, et tomba sur le cadavre de son épouse.

L'extraordinaire performance de cette matrone, qui avait utilisé son dernier soupir pour rassurer son époux, était célèbre dans les classes terminales, et d'autant plus que notre Pœtus, forcé de prononcer correctement le vocatif, disait « Pété, non dolet », ce qui obtenait un succès de fou rire, et de plus l'on racontait qu'un jour un farceur de Première B, nommé Périadès, dans sa version latine, n'avait pas hésité à traduire la phrase héroïque à sa façon : « Pété n'est pas douloureux. »

Il y gagna une consigne entière et une gloire durable puisque j'en parle soixante ans plus tard.

*
* *

Notre Pœtus n'était pas gai : son choix cent fois répété de cette héroïque boucherie le prouve clairement, et parce qu'il était de petite taille, il s'efforçait de paraître sévère ; mais cette sévérité ne se manifestait que par des menaces articulées à mi-voix, d'une bouche légèrement tordue : elles suffisaient à assurer le silence de l'étude, à cause sans doute de l'atmosphère tragique qui l'entourait.

Tout naturellement, je partageais encore mon banc avec Lagneau, et toute l'équipe de cinquième nous avait suivis, sauf Zacharias, condamné à « redoubler ».

C'est pendant l'étude du soir entre six heures et six heures et demie que je fis une importante découverte.

Je venais de terminer ma version latine. C'était le soixante-troisième chapitre du Livre VII de César : *Defectione Haeduorum cognita.*

En attendant le dernier tambour du soir, je feuilletais les *Morceaux choisis de la Littérature Française* lorsque le hasard me proposa un poème de François Fabié.

L'auteur parlait à son père, un bûcheron du Rouergue, et il lui promettait de n'oublier jamais :

« Que ma plume rustique est fille de ta hache ».

Cette transformation d'une cognée en « plume » me parut le comble de l'élégance poétique, et je ressentis le frisson sacré de la beauté. Des larmes montèrent à mes yeux, et je pénétrai dans le royaume sous les yeux mêmes de ce Pœtus, qui ne se douta de rien.

Après avoir lu trois fois le chef-d'œuvre, je le sus par cœur.

Lagneau, qui m'entendait chuchoter, s'inquiéta.

— C'est une leçon pour demain?

— Non.

— Pour quand?

— Ce n'est pas une leçon.

— Alors, pourquoi l'apprends-tu?

— Parce que c'est beau.

Cette raison lui parut si absurde qu'il ne put réprimer un éclat de rire, qui fit tomber un sévère avertissement de Pœtus sur la tête de Schmidt stupéfait.

A la sortie, Schmidt nous accompagnait toujours jusqu'à l'arrêt de son tramway, au terminus du cours Lieutaud. Dans la rue, je lui récitai d'une voix un peu tremblante ces vers magnifiques.

Il les écouta tout en marchant, la tête basse, et l'oreille tendue : puis il déclara tout bêtement que « ce n'était pas mal », puis me fit stupidement remarquer que cette hache devait être bien petite pour n'avoir fourni qu'une plume, et il nous expliqua fort sérieusement qu'une cognée de bûcheron pèse dans les trois kilos, et qu'avec trois kilos d'acier on pouvait faire deux cents boîtes de plumes sergent-major.

Je fus indigné par la grossièreté de cette critique, et je lui répondis qu'il n'y comprenait rien, qu'il raisonnait comme un quincaillier, et nous l'abandonnâmes tout seul, à l'arrêt de son tramway, sous un clignotant bec de gaz : il n'en fut pas autrement affecté, car il nous regarda partir en ricanant.

En remontant le cours Lieutaud, je pris le bras

de Lagneau, et je recommençai ma récitation pour lui seul. Il m'écouta, pensif, mais ne dit rien et je vis bien qu'il n'en pensait pas davantage.

Je le quittai sur la Plaine, au coin de la rue Saint-Savournin, et tout en descendant la rue Terrusse, je réfléchis : les ricanements de Schmidt et l'incompréhension de Lagneau ne prouvaient qu'une chose : c'est qu'ils n'étaient pas poètes.

J'en inférai que je l'étais moi-même, que j'avais été stupide de ne pas m'en apercevoir plus tôt, et qu'il fallait commencer mon œuvre dès le lendemain si je voulais connaître la gloire et la fortune à vingt ans.

Je me vis alors photographié dans un riche cabinet de travail, entouré de livres précieux, sous mon propre buste couronné de lauriers. La main gauche soutenant mon front inspiré, j'écrivais un poème à mon père, avec un stylographe à pompe, ce qui était le modèle le plus moderne, celui de Monsieur le Censeur. Ce poème serait un sonnet, qui montrerait Joseph dans toute sa gloire, d'abord gagnant un concours de boules, puis foudroyant les bartavelles, enfin entouré par ses élèves reconnaissants ; il se terminerait par ces vers glorieusement imités de François Fabié :

Je n'oublierai jamais que je te dois le jour,
Et que mon stylographe est le fils de ta plume.

⁂

Le lendemain matin, dès la première étude, j'informai Lagneau de mes projets. Il me félicita, et déclara que ça ne l'étonnait pas, parce qu'à son avis j'avais une tête de poète. Il m'apprit d'ailleurs qu'il connaissait déjà un autre poète, qui était papetier et marchand de journaux rue de Rome : il écrivait lui-même les vers qui étaient imprimés sur ses cartes postales. Mais je lui fis remarquer que ces poèmes ne comptaient jamais plus de quatre vers, et que c'étaient des amusettes, et non pas des poèmes véritables.

Donc, poète, mais de quel genre? Victor Hugo? Non, pas encore. Alors, Alfred de Musset? Non. Il est trop malheureux. Et La Fontaine? Non. C'est un poète pour les enfants... Finalement, je décidai de n'imiter personne, mais de me laisser aller à mon inspiration, et de composer un volume d'au moins cinquante pages, intitulé : « LE LIVRE DE LA NATURE ».

C'est pendant la classe de latin, pendant que la quatrième cohorte de la cinquième légion pataugeait dans des marécages, que je commençai ma première œuvre poétique. Je l'intitulai d'abord « Mélancolie », parce que ce mot me plaisait, à cause de son balancement, mais mon inspiration ne suivit pas ce titre, et j'écrivis, comme malgré moi, *la Chanson du Grillon.* (C'est ça l'inspiration).

A dix heures, au moment où César interrogeait Eporédorix, j'avais fini la première strophe.

Pendant l'étude de dix heures à midi, je vins à bout de la seconde, et après de longues réflexions, accompagnées de mimiques et de marmottages qui firent grande impression sur Lagneau — j'écrivis la troisième d'un seul jet.

Enfin, à la récréation de quatre heures, après m'être fait prier longuement, je consentis à faire la première communication de mon œuvre au public : c'est-à-dire que j'allai m'asseoir sur le banc du préau, entre Lagneau et Nelps, et que je lus — à mi-voix — *la Chanson du Grillon.*

Sans ma vieille tante Marie, ce poème eût été entièrement perdu. Toute sa vie, elle avait collectionné les cartes postales, (« Un bonjour de Saint-Malo », « Bon souvenir de Toulon ») les quittances du gaz, les avertissements du percepteur, les lettres, bref un monceau de paperasses qu'elle appelait « ses documents ». C'est dans ces documents que j'ai retrouvé, par hasard, deux strophes de ce poème. Les voici :

Je suis un petit grillon
Noir, paisible, et solitaire...
Au flanc jaune d'un sillon
Loin du bec de l'oisillon,
J'habite un trou sous la terre...

Le soir j'en sors pour chanter
Sous la lune mon amie...
Je dis à l'astre argenté
La splendeur des nuits d'été
Sur la campagne endormie.

Ici, hélas, la page est déchirée, et la troisième strophe — ma préférée — a disparu, mais je sais encore ce qu'elle disait :

La femelle du grillon, jalouse de « l'astre qui rayonne », venait vers lui, en se cachant sous les herbes ; mais le petit chanteur la voyait :

Et soudain d'une autre voix
Je chante pour ma grillonne.

Les trois premiers vers de cette strophe finale sont donc perdus à jamais...

Mais quoi ! Il nous manque la moitié de la *Poétique* d'Aristote, et des trente comédies de Ménandre, le plus illustre des poètes grecs, il ne nous reste qu'une dizaine de vers... Le fait que le Temps, qui consume toutes choses, ait respecté au moins mes premières strophes, est une marque de sa faveur.

A la fin de ma lecture, Lagneau fut stupéfait, et déclara tout d'une haleine : « C'est formidable ! C'est formidable ! Je vais le faire lire à ma mère ! C'est formidable ! »

L'étonnement de Nelps fut encore plus grand, car il alla jusqu'à l'incrédulité : il se mit à rire, et dit simplement :

— Où as-tu copié ça?

Je répondis avec feu :

— Je l'ai copié dans ma tête !

— C'est pas vrai, dit Nelps.

— Quoi? cria Lagneau, indigné. Je l'ai vu faire !

— Tu l'as vu écrire, dit Nelps, mais ça ne veut

rien dire. Moi je dis qu'il l'a lu dans un livre, et qu'il l'a appris par cœur, et après, ça n'était pas difficile de faire semblant de l'inventer !

Cette supposition injurieuse me flatta grandement.

— Mon vieux, lui dis-je, là tu me fais plaisir ! Oui, PLAISIR ! Si tu crois que j'ai copié sur Victor Hugo, ou bien Malherbe, ou bien François Coppée, ou même François Fabié, alors, ça veut dire que ce poème est superbe ! Et pour te prouver que c'est moi qui l'ai fait, je vais t'expliquer chaque mot !

Alors, avec une vanité absurde, mais une conviction sincère, je leur fis une explication de texte, selon la méthode Zizi, c'est-à-dire que je détaillai les beautés de mon œuvre. Et voici ce que je disais :

— « Je suis un petit grillon ».

Ce premier vers est simple et direct. Ce grillon parle, ce qui peut paraître surprenant. Mais La Fontaine fait parler la Cigale, et la Fourmi lui répond. C'est ce que l'on appelle une licence poétique. D'autre part, le mot « grillon » est un mot évocateur. Dès qu'on le prononce, on voit la Bastide-Neuve, un soir, pendant les vacances, et les derniers rayons du soleil à la cime des oliviers. Et même, on sent l'odeur des chèvrefeuilles.

— « Noir, paisible et solitaire ».

Le voilà décrit en trois mots. C'est la présentation du personnage.

— « Au flanc jaune d'un sillon ».

Évidemment, un sillon n'a pas de « flanc », puisque c'est un mot qui s'applique à une créature vivante.

Mais c'est ce que l'on appelle une métaphore. Les poètes font très souvent des métaphores, et sillon, c'est un mot de poète, un mot évocateur.

Moi, quand je lis « sillon », je vois mon ami François, qui enfonce le soc brillant, et qui retourne l'odeur de la terre, et ça me fait une émotion poétique. Et puis, j'entends chanter les merles de Passe-Temps. C'est ça la poésie.

— « Loin du bec de l'oisillon ».

Ça, c'est dramatique, parce que les petits oiseaux guettent le grillon pour le manger.

— Un oisillon, dit Nelps, ce n'est pas un petit oiseau... Ça veut dire un oiseau très jeune, qui est encore dans son nid.

— En prose, tant que tu voudras. Mais en poésie, moi j'ai voulu dire un oiseau pas très gros, comme un moineau ou un pinson. Et ça s'appelle, puisqu'il faut tout te dire, une licence poétique. Même Victor Hugo fait des licences poétiques. Eh bien, moi aussi.

— En plein dans la gueule ! dit Lagneau, que cette interruption indignait.

Je poursuivis :

— « Mais, pour échapper à l'oisillon,
« J'habite un trou sous la terre ».

Là, on voit tout de suite le petit trou rond, et de fines antennes noires qui en sortent, juste au pied d'une touffe de pissenlits, ou peut-être de coquelicots.

Je commentai, avec la même prétention, les deux strophes suivantes, et je conclus, avec une hypocrisie révoltante :

— Remarquez que c'est mon premier poème, et je ne sais même pas si je le publierai !

Alors Lagneau dit gravement :

— Ce qui est extraordinaire, c'est que ça rime à tous les coups ! Ça, mon vieux, je parie que Socrate ne saurait pas le faire.

— Ce n'est pas sûr, dis-je modestement. Moi, je n'ose pas encore me comparer à lui.

— Moi, dit Nelps, je te le dis sincèrement : si tu ne l'as pas copié, je suis sûr que tu seras de l'Académie Française...

Je fus persuadé qu'il ne se trompait pas : la modestie ne vient qu'avec l'âge, quand elle vient.

Pourtant, je comprends et j'excuse cette vanité ridicule d'un « poète » de treize ans, car j'ai connu depuis un assez grand nombre de messieurs et de dames qui, bien longtemps après leur puberté, écrivent avec passion des odes, des sonnets, et même des poèmes épiques. Leur émotion est sincère, et leur lyrisme est spontané ; ils ont de belles âmes de poètes. Quand ils nous lisent leur ouvrage, ils ne peuvent s'empêcher de verser des larmes, car ils y retrouvent l'émotion qui les inspira, et qu'ils ont cru mettre dans les mots. Celui-ci parle de Françoise, et ces deux syllabes et demie contiennent le premier amour de sa jeunesse ; il dit « sauterelle », et il entend la petite musique lointaine du premier soir des vacances ; il prononce avec ferveur « prière du soir », et il revoit la petite église de campagne, mal éclairée, par un soir d'hiver, où il s'agenouillait auprès d'une mère chérie. Mais l'auditeur ne connaît pas les clefs de ces mots : et bien souvent, il en a d'autres. Il n'est jamais allé à la prière du soir ; « sauterelle » lui rappelle ce grand nègre qui en faisait frire une pleine poêle, et qui insista pour qu'il en croquât au moins une, et Françoise, c'est précisément le nom d'une cuisinière bigle, qui se vanta d'avoir tous les jours craché dans le potage lorsqu'elle fut enfin renvoyée. C'est pourquoi l'auditeur stupéfait n'entend qu'une ronronnante litanie de mots, et que l'émotion du lecteur lui paraît lamentablement inexplicable.

***

Cette année de quatrième fut tout entière occupée par mes travaux poétiques. J'écrivis une trentaine de poèmes, qui célébraient la Mère Nature, représentée par la cigale, la source, le vent, le rossignol, le berger, les semailles et les moissons. J'allais chez Lagneau le jeudi, les imprimer à la polycopie, avec la collaboration exaltée de sa tante, qui me considérait comme un génie naissant. Elle en envoyait des copies aux journaux, et aux revues, accompagnées de lettres de sa façon. Comme jamais personne ne lui répondit, elle en conclut que ces gens avaient décidé de faire « la conspiration du silence », afin d'étouffer les jeunes talents, et elle leur écrivit des pages de sarcasmes : il m'arrive aujourd'hui de recevoir de ces lettres de folles, et je pense avec tendresse à la tante de Lagneau, tourmentée par une fourmilière d'hormones, qui faisaient naître sous son maigre chignon tant d'extravagantes raisons « que la raison ne connaît pas ».

***

Aux temps lointains de mon adolescence sur les bancs du vieux lycée de Marseille, je composais des poésies. Presque tous les écrivains ont commencé par là.

Avant la quinzième année, on ne comprend pas les beautés de la prose, on est peu sensible au génie du style de Montaigne ou de Chateaubriand. Ce que j'admirais dans la poésie, c'était la difficulté vaincue, et je pensais tout simplement que les prosateurs s'étaient résignés à écrire en prose parce qu'ils n'étaient pas capables de trouver des rimes. Comme j'en trouvais facilement, je me croyais beaucoup plus fort que Bossuet ou Balzac.

Mes condisciples admiraient mon talent, et mes professeurs m'encourageaient, car ils pensaient que cette manie était un excellent exercice de français.

J'écrivis ainsi un grand nombre de petites poésies, et des déclarations d'amour en vers pour mes camarades amoureux, qui récompensaient mon génie avec des caramels mous du « Chien qui Saute », et quelquefois par des cigarettes.

Lorsque nous arrivâmes en seconde, je décidai de renoncer aux madrigaux et aux élégies pour commencer une œuvre importante, dans le genre de *la Légende des siècles*, ou de *l'Iliade*. En moderne, évidemment. Le grand héros du xxe siècle c'était indiscutablement Napoléon. Ce fut donc lui que je choisis. Après avoir relu mon cours d'histoire je cherchai un exorde grandiose comme celui de *l'Enéide*, « *Arma virumque cano...* », mais je compris bien vite que je n'avais pas le souffle épique, et je renonçai à écrire l'Épopée de l'Empereur.

J'avouai ma déception à Albert Cohen ; il me dit alors :

— Je savais que tu y renoncerais.

— Pourquoi ?

Comme notre amitié était plus forte que notre modestie, il me répondit :

— Tu es un grand élégiaque, dans le genre de Racine ou d'Alfred de Musset. Ce que tu peux faire, c'est une tragédie genre *Bérénice*, avec une belle histoire d'amour.

Charmé d'être un grand élégiaque racinien — car, puisque Cohen l'avait dit, je n'en doutai pas une seconde — j'empruntai à la Bibliothèque du Lycée un recueil des élégiaques latins, composé par M. Arnauld, professeur de première de notre lycée. J'y découvris Properce, Tibulle, Ovide, Catulle.

J'étais un assez bon latiniste, car je parlais le provençal avec mon grand-père et mes amis du village de la Treille, près d'Aubagne. Cette langue est beaucoup plus proche du latin que le français. Évidemment, bien des mots ont changé de forme au cours des siècles.

Mais à cette époque, qui n'est pourtant pas si

lointaine, le peuple du Midi parlait encore la langue romane, la langue d'oc. La Provence était restée une colonie romaine, une terre d'immigration pour les Piémontais, les Lombards, les Napolitains, et il y avait dans les écoles publiques beaucoup de petits garçons qui étaient les premiers de leur famille à savoir lire, et à parler le français.

Les élèves de mon père s'appelaient Roux, Durbec, Laurent. Mais il y avait aussi beaucoup de Lombardo, Binucci, Renieri, Consolini, ou Socodatti.

Un jour, un beau petit garçon, qui s'appelait Fiori ou Cacciabua, et dont le père était marbrier, ne vint pas en classe pendant toute une semaine. Quand il revint, mon père lui demanda la cause de son absence. Il répondit que son père l'avait emmené en Italie, pour y voir sa grand-mère, qui était très vieille, et qui ne le connaissait pas.

— Je te crois, dit mon père ; mais il faut que tu m'apportes un billet de tes parents qui confirme ce que tu me dis. C'est le règlement.

L'après-midi, il remit à mon père une feuille de cahier pliée en quatre. Mon père la déplia, et lut ce message d'un air surpris. Au milieu de la feuille, il n'y avait qu'un seul mot, écrit en lettres majuscules :

N A P A T O R.

— Qu'est-ce que ça veut dire ? dit mon père.

— Ça veut dire, dit Cacciabua en rougissant, que j'ai dit la vérité, et ça fait que je n'ai pas tort.

— C'est parfait, dit mon père, sans manifester

le moindre étonnement. Et il mit le billet dans sa poche. Mais à table, il raconta l'histoire à ma mère, et lui montra ce mot étrange, « digne, dit-il, d'être gravé en hiéroglyphes sur le sarcophage d'un Pharaon... » Il fallut m'expliquer le sens de cette phrase mystérieuse, car j'avais une grande passion pour les mots... L'ignorance du marbrier me fit bien rire : quand on ne sait pas grand-chose, on est toujours cruel pour ceux qui savent encore moins... J'en parlai à voix basse à Florentin, qui en parla à Dubuffet, qui raconta la chose à Davin, et Cacciabua devint Napator, ce qui le fit bien rire lui-même ; la gloire de son père n'était pas dans l'orthographe, mais s'épanouissait dans les fleurs de marbre qu'il ciselait sur les tombeaux.

7

Rencontre d'Yves

Tous les jours, pendant la courte récréation de dix heures, dans la grande cour de l'externat, je me promenais, rêveur, sous les hautes arcades de la galerie, et « je composais », l'air inspiré. Mais quand je voyais, sur la demi-porte des cabinets, pendre une ceinture, je ramassais, au pied d'un platane, une poignée de gravier, puis, caché derrière le tronc, mais risquant un œil, je lançais cette mitraille par-dessus la porte basse.

On voyait aussitôt surgir un buste furibond, un vrai buste sans bras, comme dans les musées, parce que la victime retenait sa culotte à deux mains. Ce buste criait quelques injures, terminées par des menaces, mais sans me voir : immobile, derrière le tronc protecteur, je jouissais de la partie auditive de mon entreprise.

Dans le silence rétabli, je risquais encore une fois un œil : le buste venait de redescendre, pour l'accomplissement de la fonction interrompue. Je lançais alors, à loisir, deux autres poignées de gravier. Je savais que l'accroupi furieux ne reparaîtrait pas tout de suite, retenu qu'il était par l'impérieuse nature, mais ses cris de rage retentissaient derrière la porte. Alors, je lançais la dernière poignée composée des plus gros cailloux, mêlés à de la terre, et je fuyais vers les arcades. Là, je feignais, à pas lents, de poursuivre ma rêverie, tout en surveillant la suite des événements.

Enfin, le lapidé reparaissait ; aux mouvements saccadés de ses épaules, on voyait bien qu'il rentrait les pans de sa chemise en grande hâte, tout en promenant un regard farouche autour de la cour. Puis, il reprenait sa ceinture, la bouclait en sortant, et se ruait, vers quelque innocent, très occupé à jouer aux billes tout seul, qui ne comprenait d'abord rien à ce coup de pied au derrière, mais se ruait aussitôt à l'attaque de l'agresseur.

Ces batailles absurdes faisaient ma joie, jusqu'à l'arrivée du pion, qui emmenait les combattants vers le cabinet de Monsieur le Surveillant Général.

Mais un jour — j'aurais dû me méfier, car la ceinture qui chevauchait la porte était fort large — à la première volée de pierres, je vis surgir une très grosse tête, puis de larges épaules. C'était un grand, qui n'aurait pas dû venir dans notre cour, mais que la nécessité y avait conduit. Celui-là n'hésita pas une seconde. Sans dire un mot, il remonta sa culotte avec une rapidité magique, ouvrit la porte, saisit au passage sa ceinture, et bondit vers moi. Il m'arracha du tronc que j'embrassais, et cingla mes mollets. Le pion était loin : je m'élançai vers lui, rattrapé à chaque pas par la lourde bande de cuir ; mes mollets brûlaient, et j'allais me laisser tomber à terre, lorsque j'entendis un juron furieux, et le « grand » s'étala, le menton en avant, sur le gravier de la cour ; un garçon à peine plus grand que moi, par un habile croc-en-jambe, avait précipité Goliath dans la poussière et le déshonneur.

Mon défenseur était brun, la joue pâle et creuse, les épaules hautes et carrées. Il regardait le géant terrassé, d'un air calme, mais les poings tout faits.

L'autre se releva ; son menton était rougeâtre, ses regards furieux.

— Petit salaud ! dit-il avec force. Espèce de petit salaud !

Le garçon brun répondit, d'une voix un peu rauque :

— Qu'est-ce que tu viens faire ici, grand con ?

Stupéfait par l'insolence de ces paroles, le géant s'élança vers lui, le bras levé, la ceinture pendante dans son dos, prêt à frapper à la volée. Mais au moment où la lanière de cuir s'envolait, je m'y suspendis tout à coup, si bien que la boucle glissa dans sa main ; le garçon brun, aussi rapide qu'un chat, fit un bond en avant, et feignit de vouloir frapper l'ennemi au visage, alors qu'il lui décochait un coup de pied très sec dans le tibia.

La brute cria de nouveau : « Petit salaud ! » sur le ton d'une douloureuse rage. Mais ce coup n'aurait pas suffi à l'arrêter, et il allait saisir le garçon brun par les cheveux, pour lui bourrer la figure de coups de poing ; alors, je fis tournoyer la ceinture, et, par-derrière, de toutes mes forces, je le frappai ; par un coup exceptionnellement heureux, la lourde boucle de nickel s'abattit, par la tranche, sur le sommet du crâne, qui résonna sourdement. Il s'arrêta net, prit sa tête à deux mains, et se tourna de mon côté, au comble de la fureur, ce qui permit à mon allié de lui allonger un admirable coup de pied au derrière ; mais cette attaque, pourtant réussie, n'eut d'autre effet que d'accélérer sa ruée vers moi.

Il m'avait déjà pris aux cheveux, et je cachais mon visage dans mes bras repliés, lorsqu'une voix puissante retentit :

— Qu'est-ce que c'est que ça?

Cette question, qui ne méritait pas de réponse, était posée par le pion, accouru sur ses longues jambes. D'une main, il saisit l'épaule du grand, de l'autre il serra la mienne, et il nous entraîna à grands pas vers le cabinet du Surveillant Général, tandis qu'un demi-cercle d'amateurs accourus nous accompagnait, célébrant à haute voix la défaite de l'intrus.

Quand nous fûmes devant la porte de la Justice, je vis que le garçon brun nous avait suivis. Malgré la gravité de la situation, il gardait un sang-froid remarquable.

Le pion se tourna brusquement, et lui cria dans la figure :

— Qu'est-ce que vous faites là? Vous voulez peut-être une consigne?

Le garçon répondit clairement :

— Moi aussi, je me suis battu. Alors j'ai tout vu, et je suis témoin. C'est le grand qui a commencé !

— C'est pas vrai ! hurla l'autre... Moi j'étais venu

aux cabinets dans cette cour, parce que dans la mienne il n'y avait plus de place, et alors...

Mais une voix redoutée l'interrompit : c'était celle du Surveillant Général, qui venait de sortir de son antre.

— Que veniez-vous faire dans ces cabinets?

Le grand allait répondre à cette question singulière, mais Monsieur le Surveillant Général dit sévèrement :

— Taisez-vous ! Vous mentez ! Vous veniez FUMER ! Ce n'est pas à moi qu'il faut raconter des histoires ! Vous FUMIEZ ! Taisez-vous ! C'est la troisième fois qu'on vous surprend en pleine tabagie ! Quatre heures ! Taisez-vous !

Le pion fit alors un bref récit de la bataille qu'il n'avait vue que de très loin. Puis, je déclarai que cette grande brute m'avait attaqué par-derrière à coups de ceinture, et que sans l'intervention hardie du garçon brun, je serais sans doute à l'infirmerie. Je parlai, très hypocritement, d'une voix enfantine un peu entrecoupée, et je faisais de mon mieux une très petite figure.

— Et par-dessus le marché, tonna le Surveillant, il a l'audace de brutaliser un enfant ! Huit heures de consigne ! Si je vous revois dans cette cour, vous serez chassé du Lycée. Taisez-vous !

Le grand, qui avait depuis longtemps renoncé à parler, frottait le sommet de son crâne. Il avait tiré de ses épaules un cou de girafe et il tournait la tête à droite et à gauche, l'œil vague, et l'air hébété.

— Allez ! dit le Surveillant Général.

Le grand pivota sur ses talons, puis, l'épaule basse et la tête penchée, il s'en alla vers son destin.

— Et ces deux-là? demanda le pion.

— Ces deux-là, dit le Surveillant Général, ne m'ont pas l'air très catholiques... Je me demande si une heure de consigne ne leur serait pas profitable...

Il feignit de réfléchir un moment, pendant que, les mains derrière le dos, nous regardions la pointe de nos souliers. Il répéta :

— Oui, je me le demande ! Qu'en pensez-vous, Monsieur Poinsot?

— Ce garçon était beaucoup plus fort qu'eux, dit noblement M. Poinsot.

— Soit, dit le Surveillant Général. Réservons donc cette consigne pour la prochaine occasion. Rompez !

Nous rompîmes.

***

Afin de parler tout à notre aise, j'entraînai mon allié jusqu'au fond de la cour. Chemin faisant, je l'observais. Il était assez maigre, sans doute parce qu'il avait grandi trop vite. Ses jambes et ses bras étaient si longs, et leurs articulations si souples, qu'il ne semblait pas pouvoir les contrôler exactement... Il avait quelques poils très longs sur les mollets, une ombre de moustache, sous un nez légèrement recourbé, et son regard noir était d'une franchise lumineuse : je le trouvai viril et beau, et ce fut le coup de foudre de l'amitié.

Nous allâmes nous asseoir dans un coin, à demi cachés par le pilier d'une arcade, et masqués par le tronc d'un platane.

Je lui demandai :

— Comment t'appelles-tu ?

— Yves Bonnet.

— Tu es externe?

— Oui.

C'était visible : il avait de très beaux souliers fauves, et un nœud de cravate en soie bleue.

— En quelle classe es-tu?

— Cinquième A2.

— Moi, dis-je fièrement, je suis en quatrième A1.

— Moi, dit-il, je n'ai que douze ans et demi.

— Tu es bien grand pour ton âge.

— C'est parce que mon père est très grand ; et il pèse cent kilos.

Je ne parlai pas tout de suite du mien, car dans cette évaluation des pères sur pied j'étais battu d'avance. Il continua :

— Il est chef mécanicien sur l'*Athos*, et il fait Marseille-Yokohama. C'est au Japon. Ça fait qu'il n'est pas souvent à la maison...

— Alors, tu es tout seul avec ta mère?

— Avec ma mère, et mes deux frères. Ils sont plus jeunes que moi... Comme mon père ne vient que tous les trois mois, il n'a pas le temps de nous gronder, et il nous apporte toujours des cadeaux.

C'étaient des bâtonnets pour manger le riz, de petites cages taillées dans la masse d'un cube de bois dur, qui contenaient un singe minuscule, sculpté lui-même à travers les barreaux, et des « sirènes » empaillées, pas plus grosses qu'une rascasse. Pour sa femme, il rapportait des châles, des écharpes, et des tapis de soie ornés de dragons flamboyants.

Cette façon de vivre me parut romanesque ; je le regardai avec admiration, c'est-à-dire avec envie, et je cherchai aussitôt comment je pourrais me rendre intéressant.

— Moi, dis-je, mon père est directeur d'une grande école, la plus grande école de Marseille.

C'était un mensonge ; mais Joseph avait dit un jour à table qu'il pensait obtenir assez vite une direction. Je trouvai donc légitime de réaliser cet espoir en le magnifiant, surtout en face d'un garçon qui possédait des sirènes empaillées, et qui marchait pieds nus sur des dragons.

Ma déclaration fit un excellent effet ; mais comme je n'ai jamais aimé mes propres mensonges, je n'insistai pas sur ce chapitre, et je retournai élégamment dans la vérité, en disant :

— C'est surtout un très bon chasseur.

Je me lançai alors dans le récit de ses exploits, et je narrai, une fois de plus, le triomphal « doublé » de bartavelles.

Cette épopée — à mon insu — s'était grandement enrichie, pour avoir été trente fois remise sur le métier : le poids et les dimensions des perdrix royales avaient doublé, mon père les avait abattues à plus de cent mètres, et, en les recevant sur la tête, je m'étais évanoui, dans une mare de sang.

J'ajoutai que cet exploit était unique au monde,

car jamais, de mémoire d'homme, aucun chasseur n'avait réussi pareil « coup du roi ». Yves fit alors un petit sourire, et dit gentiment :

— Là, je crois que tu te trompes. Moi, pendant les vacances, il y a deux ou trois ans, on m'a montré un chasseur qui avait fait la même chose.

Cet attentat contre la gloire de mon père me coupa le souffle.

— Ce n'est pas possible. Ça, je te le dis, ce n'est pas possible.

— Et pourtant, c'est vrai. Moi, cet homme, je l'ai vu. C'était un monsieur de la ville, qui passait ses vacances dans un cabanon des Bellons, plus loin que la Treille, et le curé a même fait sa photographie.

Une fierté immense me gonfla le cœur. Je bondis sur mes pieds, et je criai :

— Eh bien, c'était lui ! Oui, c'est mon père qu'on t'a fait voir, et la photo, nous l'avons à la maison ! Et chaque année, nous allons passer les vacances aux Bellons, à la Bastide-Neuve !

— Ça, dit-il, avec une grande exaltation, c'est extraordinaire... Parce que, nous aussi, nous avons une maison à la Treille!

— Au village?

— Non ! Plus loin ! C'est à gauche, sous la route des Bellons, une grande maison blanche, au milieu de la pente qui descend au Ruisseau... Ça s'appelle Rossignol...

Nous ne savions plus que dire, car cette découverte nous paraissait l'événement le plus prodigieux de notre vie ; ce n'était pas une coïncidence, mais un arrêt du Destin : Yves connaissait mes collines ! Il montait chaque samedi dans le glorieux tramway de la Barasse ! Pourquoi ne l'avais-je jamais vu de près ? Pourquoi, jusqu'à cette miraculeuse bataille, le Destin n'avait-il pas permis notre rencontre ?

Il allait me l'expliquer, lorsque je vis s'avancer vers nous les deux souliers noirs immenses sur lesquels naviguait le pion ; il nous attaqua soudain, d'une voix aboyante, car la cour était déjà vide, et nous n'avions pas entendu le tambour...

Nous partîmes en courant, chacun vers sa classe, sous un vol noir de menaces ailées, mais qui ne concernaient que la « prochaine fois ».

Notre professeur de latin, que nous appelions Zizi, portait une moustache assez fournie, et une barbiche blanche taillée en pointe. Il passait pour une « vache », parce qu'il était très difficile de le tromper.

Mon arrivée tardive ne fit pas un bon effet ; cependant, Zizi ne me dit rien, et je n'eus pas besoin d'inventer une excuse.

L'explication latine était déjà commencée ; j'ouvris en hâte mon « César », puis, les poings aux tempes, et deux plis verticaux entre les sourcils, je feignis un intérêt passionné.

Tandis que les Eduens tentaient vainement d'encercler la IIe légion, je pensais à ma propre bataille, et au miracle de mon nouvel ami ; je cherchais vainement la clef de la grande énigme : pourquoi ne l'avais-je pas rencontré plus tôt ? Pourquoi ?

A cette série d'interrogations, Zizi ajouta soudain

la sienne ; en me désignant de son index pointé, il dit :

— Pourquoi *oppido* est-il à l'ablatif ?

Je me levai, les bras croisés, et je répondis clairement :

— Parce qu'il ne prenait pas le même tramway...

Le visage pâle de Zizi exprima aussitôt une stupeur indignée, tandis que le sang me montait au visage, et qu'un rire immense secouait toute la classe. Zizi frappa trois fois, du plat d'une règle sur son bureau, puis, comme le rayon d'un phare maléfique, son regard fit un demi-tour, et les rires fauchés tombèrent. Dans le silence rétabli, il dit :

— Monsieur, je tolère la stupidité, quand elle n'est pas insolente. Votre réponse n'est qu'une pitrerie. Vous me traduirez donc pour lundi le chapitre IX des *Commentaires* de César.

Puis, jugeant que j'avais mon compte, il m'abandonna à ma rêverie, et dirigea ses flèches vers Picot, puis vers Albert Cohen ; ils avaient ri à grands éclats, mais il les consterna tour à tour au moyen d'un subjonctif.

Cependant, je pensais à Yves, à la Bastide-Neuve, à Rossignol, et ma tête était pleine de cigales. Quand pourrions-nous reprendre nos révélations ? Yves, par malheur, était externe. Il allait donc quitter le Lycée à quatre heures ! Je ne pourrais donc pas le revoir avant le lendemain, ce qui me parut inacceptable. Je résolus alors de bondir hors de ma classe dès le premier roulement de tambour, et de courir vers la sienne, afin de l'intercepter ; nous aurions ainsi quelques minutes pour échanger nos principaux secrets.

Les ébats guerriers des Eduens, qui redressaient sur leurs genoux les épées de cuivre, tordues au premier choc, ne purent raccourcir cette heure d'attente. Cependant les siècles même ont une fin, et le tambour roula soudain sous la voûte de la galerie.

Au tout premier coup de baguette, je fis un bond de grenouille, et ma main serrait déjà le bouton de cuivre de la porte, lorsque dans la classe à peine levée, la voix de Zizi retentit.

— Qui est cet énergumène ? C'est encore vous ? Venez ici ! Quelle est, Monsieur, cette folie ? C'est là tout l'intérêt que vous portez à vos études ? Au piquet, devant le tableau ! Vous sortirez le dernier !

Puis, quand je fus installé au pilori, il se tourna vers la classe, et dit :

— Allez, Messieurs !

C'était irréparable. Je souhaitais, de tout mon cœur, que ce bourreau tombât raide mort à mes pieds. Vœu stérile. Je ne reverrais pas Yves avant le lendemain...

Quand tout le monde fut sorti, le cruel Zizi marcha lui-même vers la porte, à pas comptés. Il s'y arrêta au moins trente secondes. Enfin, il se tourna vers moi, et dit : « Allez », tandis qu'il s'en allait lui-même.

Je m'élançai. Un fleuve d'élèves descendaient la galerie, et il me fut difficile de remonter le courant sans bousculer quelques inconnus, ce qui me valut pas mal d'injures, et un remarquable coup de pied au derrière, heureusement atténué par la vitesse de ma course... Mais quand j'arrivai devant la cinquième A2, elle n'était plus habitée que par un grand pantin à la craie qui remplissait le tableau noir, et qui se prenait sans doute pour Monsieur le Censeur, car il portait un chapeau haut de forme, une barbiche et deux oreilles d'âne.

Yves était donc parti, grâce à l'abominable Zizi, qui ne saurait certainement jamais de quelle catastrophe il était responsable.

Je redescendis vers la sortie, à pas pressés, regardant encore de tous côtés, mais sans grand espoir, car les garçons qui passaient maintenant, la lourde serviette sous le bras, étaient des êtres d'un autre monde, c'est-à-dire des élèves de seconde, ou même de première.

Alors, nonchalamment, j'allai vers le bout de la galerie, où la double file des demi-pensionnaires attendaient les ordres d'un autre pion pour descendre vers les études et les cours de l'Internat. Ce pion était si maigre que j'imaginais que son nombril était collé comme une arapède sur la face antérieure de sa colonne vertébrale.

Il avait de longs cils roux autour de ses grands yeux bleus, et nous l'appelions Poil d'Azur.

J'allai prendre place au bout de la file, et je regardai encore de tous côtés. J'avais eu l'espoir qu'Yves me rechercherait, ou, tout au moins, qu'il m'attendrait un moment. Mais non. Il était parti en courant avec les autres, et ma déception fut presque un chagrin...

Tout à coup, une main tira ma blouse. Je me retournai : il était là, et la joie me fit éclater de rire.

— Tu m'attendais ?

— Oui, je descends avec toi...

— Mais c'est défendu, puisque tu es externe !

— Je m'en fous, dit-il. Si on me repère, je dirai que je suis descendu pour réclamer mon *De viris* à Chausson qui est pensionnaire. Je le lui ai prêté hier, et il est à l'infirmerie. Et puis, quand on fait ce qui vous plaît, ça vaut la peine de risquer quelque chose.

A ce moment, Poil d'Azur toussa, et dit d'une voix morne :

— Serrez les rangs !

Comme il nous regardait fixement, Yves plongea son nez dans son mouchoir et baissa la tête, pour cacher son visage d'externe. Ces habiles précautions étaient d'ailleurs inutiles, car Poil d'Azur n'eût pas remarqué, dans nos rangs, la présence d'un cerf, ou d'un colonel en grande tenue. Il préparait — depuis plusieurs années — une licence de mathématiques, et ses yeux n'enregistraient plus le réel : leur regard était tourné vers la fourmilière de chiffres qui grouillait dans les galeries de sa cervelle dévastée.

D'une voix éteinte, il dit :

— Allez !

Et nous allâmes.

Au fond des cours de récréation de l'Internat,

il y avait, derrière de hautes arcades romanes, un très grand préau pour les jours de pluie. La lumière y était moins claire que dans la cour. Un banc de bois était fixé le long du mur du fond. C'est là que nous allâmes nous asseoir.

Cette récréation, qui durait pourtant une heure, fut bien courte.

Yves m'apprit d'abord que sa grand'mère maternelle habitait toute l'année à la Treille, et qu'elle possédait une très jolie voiture — en acajou verni — traînée à une vitesse prodigieuse, par un véloce « bardot ». Comme je lui demandais quelques précisions sur l'espèce de cet étrange animal, il me répondit que c'était, en apparence, un petit cheval, mais qu'au point de vue scientifique c'était « le contraire d'un mulet », et qu'il n'en savait pas davantage.

Chaque samedi, à quatre heures, sa famille prenait le tramway, non pas celui de la Barasse, mais celui qui allait à Saint-Marcel ; là, le mystérieux « bardot », piloté par un paysan, venait les chercher, pour les conduire, à grandes étincelles, jusqu'au village, d'où ils allaient à pied à Rossignol, par un sentier bordé d'aubépines, de sauge, de rue et de romarin...

Ainsi le mystère était expliqué, et ma réponse — que Zizi avait jugée absurde — était la bonne. Il m'apprit ensuite qu'il connaissait à peine mes collines, car il n'était monté qu'une fois jusqu'au Taoumé ; ses propres explorations le conduisaient d'ordinaire du côté de la grotte des Pestiférés, et du Bec-de-Pugnaou, sur le territoire d'Allauch.

Alors, je fis une description romantique des vraies

garrigues, les miennes. Il me regardait, la bouche ouverte, avec une inquiétude passionnée. Ainsi les hommes du Moyen Age ont dû écouter les récits de Marco Polo. Et moi, je me promettais mille joies enivrantes à lui révéler les gorges lointaines de Passe-Temps, la douceur des brises du soir sur le silence minéral des rocailles de Precatori, la verte force des parfums sur les kermès de la Garette, la danse de l'air sur les pierres bleues, l'insolence de mes échos, et cet épervier solitaire, au plus haut de la courbe du ciel, sur l'immensité de ces royaumes.

Et je le regardais : il était vivant, un peu sauvage, mais serein.

8

Monsieur Sylvain

Ce jour-là, je marchais avec Yves sur le chemin rocailleux qui suit le fond du vallon de Passe-Temps. Nous allions à Precatori, un ravin sans arbres, mais où la broussaille de myrtes et de cades atteint deux mètres de haut.

Nous y avions placé la veille quatre pièges à couvercle, dans l'espoir de prendre quelque lapin : non point par passion de braconniers, mais à la demande des cuisinières, qui nous envoyaient chasser des civets.

Même à l'ombre, au fond du vallon, il faisait une chaleur torride, celle des étés d'autrefois. La résine des pins coulait comme du miel aux fentes rouges des écorces noires, et les cigales chantaient plus fort que jamais, à cause de leurs tympanons bien secs. Il y en avait des centaines, que l'écho des barres multipliait en milliers.

Nous marchions d'un pas de promeneurs, traînant nos espadrilles sur le gravier, et nous nous arrêtions tous les dix mètres, pour la commodité de la conversation.

Yves me parlait en anglais, je lui répondais en latin.

— How do they call a « cigale » in english?

— Eheu ! Cicadae autem Britannis ignotae sunt ! Cum fabulam La Fontis traducunt, cicada « grasshopper » vocatur.

— This is nonsense !

— Optime ! Quia « grasshoppers » locustae sunt ! Nous étions assez fiers d'échanger un anglais incertain, contre un latin macaronique — mais je dois dire que, grâce à ce cabotinage pédantesque, qui exigeait une continuelle tension de l'esprit, nous fîmes de très grands progrès dans ces deux langues ; car nous voulions nous étonner l'un l'autre : le grand moteur de la jeunesse, c'est la vanité.

Comme je cherchais un équivalent latin à « je m'en fous », mes réflexions et notre marche furent brusquement arrêtées par une étincelante sonnerie de trompette, qui venait du fond du vallon : les échos en firent une fugue à plusieurs étages, et deux gros merles, qui étaient sans doute en amour, plongèrent dans les clématites, au pied du grand lierre.

Ces sons éclatants, dans cette solitude, nous coupèrent le souffle, mais non pas celui de l'invisible musicien, qui lança coup sur coup, avec l'aisance d'un phonographe, une série de fanfares cuivrées, dont la vigueur militaire nous fit penser aux gendarmes.

Je cachai aussitôt ma musette dans un buisson, car elle contenait six pièges à perdrix. Puis, nous quittâmes le sentier, et sous le couvert d'une forêt de sumacs et de myrtes, nous avançâmes sans bruit vers la source de la musique qui continuait à sauter d'un écho à l'autre.

Il nous fallut cheminer lentement jusqu'au tournant du vallon.

Alors, à travers le feuillage, je vis un pavillon de cuivre, puis une paire de joues gonflées sous des yeux fermés, puis un gros homme qui soufflait dans une trompette.

Ce n'était pas un gendarme, car il portait un pantalon de coutil bleu, et des bretelles rouges sur une chemise blanche, au col largement ouvert. Au pied d'un vieux noyer, sur un quartier de roche, un veston noir était soigneusement plié, sous un feutre d'artiste.

Lorsqu'il ôta la trompette de ses lèvres, il nous montra un visage aux traits fortement marqués, mais réguliers et nobles. Sous des sourcils lustrés, de beaux yeux d'un bleu clair ; ses cheveux n'étaient pas grisonnants, mais des fils d'argent brillaient dans une chevelure épaisse et noire. Le tout donnait une impression rassurante d'intelligence et de bonté.

Il tira de sa poche un chiffon blanc, et il essuya avec soin l'embouchure de sa trompette.

Je consultai Yves du regard : il me fit un clin d'œil : je sortis de la broussaille, et nous avancâmes sur le sentier.

L'inconnu leva la tête et nous regarda, surpris par cette apparition qu'il n'attendait pas, puis il dit, d'une voix un peu sourde, mais agréable :

— Bonjour, Messieurs ! J'espère que mes sonneries ne vous ont pas dérangés ?

— Oh non, Monsieur ! dis-je poliment.

— Nous avons été d'abord un peu étonnés, puis charmés ! ajouta Yves.

— En ce qui concerne votre étonnement, dit l'inconnu, je ne puis que l'approuver ; il est en effet surprenant d'entendre sonner dans ces collines une trompette de cavalerie, car c'est une trompette de hussards !

Il examina un instant l'instrument, et dit tout à coup, comme s'il venait de faire une découverte :

— Elle est en mi bémol !

Il la remit à ses lèvres, et en tira une seule note prolongée.

— Vous venez d'entendre, dit-il, un mi bémol.

— On voit, dis-je, que vous avez servi dans la cavalerie !

Il ouvrit tout grands ses yeux bleus.

— Eh bien, non ! Je regrette d'avoir à vous le dire, mais vous faites une erreur énorme !

Il fit un beau sourire, cligna un œil, et dit comme en confidence :

— Il n'y a pas de cavaliers dans la marine et je suis marin ! Marin, évidemment en congé, puisque je navigue en ce moment dans ces collines, comme vous avez le droit de le constater... Je vous vois surpris de cette révélation, mais :

« Il y a plus de choses sur la terre et dans le ciel, Horatio, que n'en rêvèrent nos philosophes. »

« J'espère que cette citation d'*Hamlet* ne vous échappe pas, car je déduis de votre apparence que vous êtes des jeunes gens de la ville, et votre âge me porte à croire que vous naviguez en vue des côtes escarpées du baccalauréat. Me trompé-je?

— Nous allons entrer en seconde au mois d'octobre ! dit Yves.

— Je vous en félicite, reprit l'inconnu, et je vous engage à vous en féliciter vous-mêmes. La seconde est une classe remarquable, parce qu'on n'y fait RIEN. Pour beaucoup, c'est une escale ; pour d'autres, une croisière, qui permet d'avoir une vue d'ensemble de la côte, et d'en repérer les récifs...

Il alla prendre son veston, qu'il mit sous son bras, et se coiffa de son feutre à larges bords.

— Si vous n'y voyez pas d'inconvénient je vous accompagnerai, pour le plaisir, jusqu'à vos pièges.

Il nous regarda un instant, comme pour jouir de notre surprise.

— Mais oui, dit-il en riant. Je vous ai vus les placer hier après-midi. J'étais étendu dans un fourré de cades, et je réfléchissais à quelques problèmes de la destinée humaine, lorsque vous êtes arrivés, et j'ai assisté, sans être vu, à vos activités de braconniers. Je dois vous avouer qu'après votre départ je suis allé vérifier la qualité de votre technique. Eh bien, je vous en félicite, car les trois premiers pièges sont installés aux bons endroits, et selon les règles de l'art. Mais je me félicite d'avoir eu l'indiscrétion de contrôler votre ouvrage, car je n'ai pas approuvé le camouflage du quatrième, et je me suis permis d'y ajouter quelques feuilles mortes, qui — à mon avis du moins — étaient l'indispensable touche finale de la meurtrière imposture... J'espère que vous ne m'en voudrez pas de cette collaboration spontanément offerte, et entièrement désintéressée.

Nous le remerciâmes très vivement, et nous partîmes tous les trois pour le vallon de Precatori.

Ce gros homme me paraissait surprenant et plaisant. Il marchait devant nous, sans faire le moindre bruit, car il était — comme nous — chaussé d'espadrilles. De temps à autre, il se retournait, et souriait.

— Comment se fait-il, demanda Yves, qu'un marin soit venu se perdre dans ce village?

— Ma foi, dit-il, je ne suis pas venu m'y perdre, mais m'y retrouver ! Et puisque vous avez prononcé la phrase « Comment se fait-il? », je vais vous dire comment il se fait.

« J'ai commandé, pendant plusieurs années, l'un de ces petits navires de guerre que l'on appelle des stationnaires, dans la mer des Indes. Je pourchassais quelques pirates, qui n'avaient pas d'autre arme que leur audace mal soutenue par des mousquets du temps jadis, et je lisais Pierre Loti sous une pluie continuelle de poissons volants. Mais la densité de leur vol n'était pas suffisante pour ombrager le pont de ma corvette, si bien qu'un jour une très rayonnante insolation m'étendit raide comme un arbre de couche. C'est pourquoi, sans même l'avoir sollicité, j'obtins un congé de longue durée, qui d'ailleurs ne m'a pas été accordé sans raison...

Il secoua la tête, avec un sourire qui me parut mélancolique.

— Mais vous allez bientôt repartir?

— Incessamment ! dit-il avec force. Mes valises sont prêtes, et je n'attends qu'un signe de l'Amirauté. Je me repose, à mon avis, depuis trop longtemps ! Mais je dois reconnaître — tout à fait entre nous — que les conséquences de ce coup de soleil ont été beaucoup plus durables qu'il n'était prévu. De temps à autre — et c'est sans doute une question de météorologie — ou, plus exactement, de taches solaires — de temps à autre, disais-je, je ne me sens plus dans mon assiette. Ne prenez pas ce mot assiette dans son sens porcelainier, mais dans celui où l'emploient les marins quand ils parlent de « l'assiette » d'un navire. Lorsqu'il me semble que je commence à donner de la bande, j'ai recours, fort logiquement — je vous prie de le constater — à la science des médecins... Ils me mettent alors au radoub, dans un bassin de carénage, et pour tout dire, dans une maison improprement appelée « de santé », car on n'y rencontre que des malades. Je viens d'y passer quatre mois : et je vais vous dire pourquoi.

Il s'arrêta, après avoir regardé autour de lui, comme s'il craignait d'être entendu, et il reprit à voix basse :

— Un matin, dès mon réveil, en examinant — comme je le fais toujours — mes actes et mes propos de la veille, j'ai constaté que j'avais pris une gîte d'environ dix degrés. C'est appréciable, quoiqu'un navire ainsi penché sur le côté soit encore en état de naviguer par beau temps. Cependant, je n'hésitai pas : « Au radoub ! » Et c'est pourquoi je n'en suis revenu que la semaine dernière, parfaitement remis à flot. Mais, là-bas, je n'ai pas pu jouer de la trompette : cet instrument n'est pas urbain, car seuls les échos y prennent plaisir.

« C'est pourquoi, ce matin, je suis venu dans ce vallon, un peu inquiet, je l'avoue : je craignais d'avoir perdu, pendant ces quatre mois, la force et la souplesse de l'orbiculaire des lèvres, dont le durcissement aurait pu m'interdire — et peut-être pour longtemps — l'exécution des sons lourés. Après l'expérience que je viens de faire — je le dis sans modestie — il me semble que je n'ai rien perdu. Vous, vous deux (nous sommes entre amis) que vous en semble-t-il ?

Je n'avais jamais entendu de sons « lourés », mais je lui affirmai avec chaleur que c'étaient ceux-là mêmes qui nous avaient enchantés.

Yves confirma mon jugement. Sur quoi, il emboucha brusquement sa trompette, et nous régala de plusieurs sonneries militaires, puis de quelques airs de cor de chasse, dont il annonçait les titres : *la Chamillard*, *les Brisées*, *le Laissez-courre*, *l'Hallali*.

Nous lui fîmes de grands compliments qui le comblèrent de joie ; il ne pouvait retenir de petits rires de fierté. Cependant, l'embouchure de l'instrument restait imprimée en creux sur sa bouche — et, juste en son milieu, sa lèvre supérieure s'ornait d'une protubérance rouge de la grosseur d'un pois, et qui semblait le rendre capable — comme l'éléphant du Jardin des Plantes — de ramasser un sou sur une dalle.

— Allons ! dit-il tout à coup, allons ! Je vous fais perdre votre temps : il est peu digne d'un capitaine de corvette de quémander des compliments sur sa façon de jouer de la trompette ! Allons !

Il partit à grands pas cadencés vers le vallon de Precatori ; nous avions peine à le suivre. Yves me dit à voix basse :

— Il est un peu timbré, mais tous les marins des colonies sont comme ça. Mon père dit que c'est le climat et le whisky !

Nos quatre pièges n'avaient pris qu'un lapin.

— C'est celui des trois feuilles mortes ! dit l'inconnu. Voyez l'importance d'un petit détail ! Pour vous, d'abord, puisque vous allez déguster un civet délicieux, mais surtout pour ce rongeur, que ces feuilles mortes ont perfidement rassuré : elles lui ont coûté la vie ! Comme je suis responsable de sa mort, et comme il sera dévoré — tout chaud, quoique d'une chaleur artificielle — il me paraît convenable de sonner, en son honneur, *la Curée.*

Il joua donc, les yeux fermés, un air pathétique, tandis que je tenais le lapin par les oreilles.

Yves retendit le piège, puis notre nouvel ami disposa lui-même les fatales feuilles mortes.

Puis, avant de reprendre le chemin du retour, il se frappa soudain le front, et dit :

— Je m'aperçois que j'ai oublié de me présenter ! Je m'appelle Sylvain Bérard, pour vous servir !

Comme il paraissait attendre que nous parlions à notre tour, nous déclinâmes nos noms et qualités : sur quoi, il ôta son chapeau pour nous saluer largement, nous serra la main avec une vigueur chaleureuse, et sans qu'il fût possible de comprendre pourquoi, il nous félicita vivement d'être ce que nous étions. Puis, pendant tout le trajet, il parla, souriant et calme, avec une grande autorité, mais sans nous laisser placer un mot, car il faisait lui-même les demandes et les réponses.

— J'occupe mes loisirs forcés, nous dit-il, par des travaux de l'esprit, travaux dont l'intérêt ne vous échappera peut-être pas.

Il souriait toujours, comme s'il ne prenait pas tout à fait au sérieux ce qu'il nous disait.

— Tout d'abord, sachez que je viens de terminer la refonte et la mise au point de la géométrie plane d'Euclide. Ce Grec avait bien de l'esprit, mais son ouvrage est gâté par le fait qu'il s'est résigné à y introduire son fameux Postulat ! Or, *Postuler*, c'est avouer qu'on ne peut *Démontrer*. C'est supplier le lecteur d'admettre un principe sans pouvoir soutenir cette demande par la moindre raison. Avouez que c etait un peu fort ! J'ai essayé de combler cette lacune par une rigoureuse Démonstration de ce Postulat, Démonstration dont je vous régalerai un jour prochain !

Comme nous hochions la tête, et que nos yeux brillaient d'étonnement et d'admiration, il fit un petit rire satisfait, et dit à mi-voix :

— Ceci, bien entendu, doit rester un secret entre nous, tout au moins jusqu'à la publication de mon ouvrage, dont le Besoin se faisait sentir depuis près de deux mille ans, et qui paraîtra très bientôt, car c'est le Petit *a* de mon plan d'ensemble. Le Petit *b* est aussi une démonstration : celle de la troisième proposition de Fermat ; la somme de deux carrés peut être un carré, la somme de deux cubes ne peut jamais être un cube. Ce travail fut un agréable passe-temps, et j'en suis à regretter d'avoir trop rapidement résolu le problème, dont les plus illustres mathématiciens cherchent en vain la solution depuis deux cent cinquante ans.

Il attaqua ensuite Petit *c*, puis Petit *d*, et ainsi de suite, jusqu'à Petit *z*.

Il nous apprit que les théories de Pasteur étaient absurdes, et que ce grand savant, en niant la génération spontanée, n'avait pas d'autre but que de prouver ainsi l'existence de Dieu ; il condamna sévèrement l'opération de l'appendicite, puis il affirma que, si les femmes enceintes consentaient à marcher à quatre pattes, elles mettraient leurs enfants au monde sans même s'en apercevoir, si bien qu'il faudrait les suivre continuellement, pour ramasser les nouveau-nés tombés dans l'herbe, avant d'avertir la mère de cet incident.

Passant ensuite à l'astronomie, il refusa d'admirer le génie de Newton, et déclara :

— Si les pommes étaient cubiques, cet Anglais n'eût jamais rien découvert, et je trouve déplorable que la loi qui régit l'univers se soit révélée par la forme d'un fruit.

Il soutint ensuite que les navires actuels n'étaient rien d'autre que des traîneaux, et qu'ils devraient rouler sur la mer, au lieu d'y frotter leur ventre ; puis il critiqua l'industrie laitière, et nous révéla qu'il était sur le point de réaliser la fabrication directe du lait, en partant de l'herbe, sans passer « par de mugissants intermédiaires ».

— Mon procédé, dit-il, qui est d'une apparente simplicité, exige cependant plusieurs opérations assez délicates. Le principe en est le suivant. Je broie de l'herbe, puis je la fais digérer par une série de bains légèrement acides, à la température de trente-sept degrés centigrades. Après deux jours de macération, j'en extrais... Devinez quoi ?

— Du lait ! dis-je.

— Pas du tout ! Mais votre erreur est excusable, et je vous en félicite. En réalité, j'en extrais...

Il nous regarda tour à tour, d'un air triomphal, puis il dit à mi-voix :

— UNE BOUSE ! Et que reste-t-il dans ma cornue ? DU LAIT ! C'est aussi simple que l'œuf de Colomb, mais il fallait y penser !... Comme mes expériences sont en cours, je vous prie de n'en parler à personne avant la mise au point définitive du procédé. Donc, motus, jusqu'à nouvel ordre.

Nous l'assurâmes de notre discrétion, et il nous en félicita chaleureusement.

Il se tut pendant quelques minutes, pensif, mais souriant de temps à autre...

Nous étions arrivés sur le plateau des Adrets, et la brise nous apporta quelques notes perdues d'un angélus lointain. Alors, il s'arrêta, se découvrit, et proclama son admiration pour l'Église Catholique.

C'était, selon lui, la plus puissante organisation de publicité que le monde ait vue, puisqu'elle avait une agence dans chaque village, installée gratuitement dans la plus belle bâtisse, munie sur son toit pointu d'avertisseurs sonores, pour appeler les consommateurs de métaphysique désireux d'immortalité.

Je crus qu'il condamnait ainsi la sainte religion de l'oncle Jules, mais je fus détrompé lorsqu'il déclara que cette publicité retentissante était par bonheur au service des plus belles idées que les hommes eussent jamais conçues, que le christianisme était la base de toute civilisation, et que seuls les imbéciles pouvaient douter de la divinité de Notre-Seigneur Jésus-Christ. Sur cette affirmation solennelle, il s'arrêta, et nous fit signe de nous rapprocher de lui. Alors, à voix basse, il ajouta :

— Pourtant, pourtant, il a prononcé une parole qui me tracasse. Il a dit : « Tu es Pierre, et sur cette pierre je bâtirai mon église. » Eh bien, non, non. Je suis blessé par ce jeu de mots. Évidemment, on peut soutenir que le Sauveur a voulu assumer la condition humaine avec toutes ses servitudes, et qu'il s'est volontairement abaissé jusqu'à la niaiserie d'un calembour. On peut dire aussi qu'il l'a fait pour se mettre à la portée du petit peuple qui admire les jeux de mots, les queues de mots et les contrepèteries. Ces raisons ne sont pas absurdes... Mais cependant, cependant... C'est là mon grand problème, et il m'arrive d'en rêver la nuit...

Cependant, nous étions arrivés au croisement de deux routes, sur une crête.

— Voici, dit-il, le lieu de notre séparation provisoire, car j'espère vous revoir souvent, si du moins vous y prenez plaisir. Mais avant de vous quitter je désire vous faire cadeau d'une très précieuse idée qui m'est venue à l'esprit ce matin, et que je veux déposer dans votre mémoire, de peur de l'oublier moi-même. Écoutez :

« Si vous voyez un jour un fil à plomb oblique, dites-vous bien qu'il se passe QUELQUE CHOSE QUELQUE PART. » Vous y réfléchirez.

Il nous regarda un moment, d'un air grave, et sans mot dire, puis il reprit :

— Permettez-moi maintenant de vous poser quelques questions, et PEUT-ÊTRE de vous faire une confidence. Si vous n'y voyez pas d'inconvénient, allons nous asseoir sur ces trois pierres, que le Destin ou la Providence semble avoir préparées pour notre rencontre.

Ces pierres étaient en demi-cercle, sous une yeuse à sept ou huit troncs.

A notre droite, l'énorme soleil de l'été glissait insensiblement vers la mer : ses rayons, presque horizontaux, passaient sous les basses branches de l'yeuse, et doraient le noble visage de Monsieur Sylvain. Les cigales, averties de l'approche de la fin du jour, accéléraient le rythme de leur petite musique.

— Voyons, Messieurs, dit-il, est-ce que ma conversation vous a ennuyés ?

Je protestai vigoureusement, et très sincèrement.

— Au contraire ! Moi, je ne me suis même pas aperçu de la longueur du chemin !

— C'est bien rare, dit à son tour Yves, qu'on ait l'occasion d'entendre tant d'idées nouvelles... Nous avons passé une après-midi enrichissante !

— Rien de ce que j'ai dit ne vous a choqués ?

— Absolument rien ! dis-je. Naturellement, je n'ai pas très bien compris vos théories mathématiques, mais tout le reste m'a beaucoup intéressé.

— En somme, ce que j'ai dit vous a paru raisonnable, sensé et parfaitement logique ?

Yves répondit :

— D'une logique éblouissante !

— Bien ! dit M. Sylvain.

Ses yeux brillaient de satisfaction.

— Bien, répéta-t-il en se frottant les mains. Je crois donc indispensable de vous révéler la légèreté malveillante de certaines personnes du village ; je vous désigne, pour plus de précision, l'épicière, la bonne du curé, le facteur, le fontainier, le gérant du Cercle, etc. Ces personnes ont imaginé... (il fit un douloureux sourire) de me faire passer pour FOU ! Oui, fou, tout simplement !

— C'est parce que vos idées sont originales, dis-je.

— Naturellement ! s'écria M. Sylvain. Et ces gens-là ne sont guère qualifiés pour interpréter les paroles ou les actions de leurs dissemblables. Entre autres calomnies, ils ont fait courir le bruit que le bassin de radoub qui m'accueille de temps à autre n'est qu'un « lunatic asylum », comme disent les Anglais. C'est pourquoi, si un enfant vient me parler, ses parents terrifiés le rappellent à grands cris.

Si le soir, dans une rue du village, une femme vient à ma rencontre, elle fait aussitôt demi-tour, et disparaît... Remarquez que je suis un peu responsable de cet état de choses, car je n'ai jamais essayé de leur prouver que j'ai tout le bon sens désirable : au contraire, j'avoue qu'il m'arrive, par fantaisie, de me livrer devant eux à des actions bizarres, ou de prononcer des paroles qui n'ont aucun sens, car cette idée absurde qu'ils ont de ma folie, il me plaît parfois de la confirmer, parce qu'elle les tient à distance respectueuse, et assure ma tranquillité.

« Mais à vous, qui êtes des jeunes gens instruits — et je ne saurais trop vous en féliciter — j'ai tenu à vous dire la simple vérité, et à vous affirmer que je ne suis pas fou !

— C'est une idée stupide, dis-je.

— Parfait ! s'écria M. Sylvain. Mais quoique cette idée soit évidemment stupide, comme vous le dites si bien, je tiens beaucoup à vous démontrer sa stupidité.

— Ne prenez pas cette peine, dit Yves. Pour nous, la démonstration est toute faite !

— Pas encore ! dit M. Sylvain d'un air radieux. Pas encore, mais elle va l'être.

Je vous ai énuméré cette après-midi quelques réalisations et quelques vues philosophiques que j'aurais été incapable de concevoir si mon entendement était détraqué : je dois maintenant prendre la chose par l'autre bout, et vous montrer ce que je ne pourrais m'empêcher de faire si j'étais véritablement fou.

Attendez ici deux minutes : je vous en serai très obligé.

Il s'éloigna à grands pas en riant, et disparut derrière la ruine.

Yves me regarda, pensif, et dit :

— C'est un savant, et il parle bien. Mais je le trouve un peu original.

— Bien sûr, dis-je. Mais rappelle-toi que beaucoup de grands hommes ont passé pour fous, parce que les gens ordinaires ne les comprennent pas. Les paysans du village ne peuvent sûrement pas comprendre la moitié de ce qu'il nous a dit, et alors ils croient qu'il est fou. Moi, je le trouve formidable !

— Moi aussi. C'est un homme à fréquenter, parce qu'il peut nous apprendre beaucoup de choses.

Nous l'avions en effet écouté sans la moindre fatigue, et même avec un très vif intérêt. L'adolescence accepte volontiers les idées les plus saugrenues, surtout quand elles contredisent les idées reçues et l'enseignement du lycée.

— Ce n'est peut-être pas un grand génie, dis-je mais c'est sûrement un type dans le genre de Pic de La Mirandole. Moi je trouve...

Mais Yves m'interrompit, en disant à voix basse :

— Oyayaïe ! Qu'est-ce qu'il va faire?

M. Sylvain venait de paraître au coin de la ruine, et il s'avançait vers nous dans un étrange équipement. Son torse était nu, et une épaisse toison noire et blanche contournait de gros seins gras.

A la place de son chapeau, il avait enfoncé sur sa tête un vieux seau mangé par la rouille, dont l'anse tenait lieu de jugulaire. Deux glands enfoncés dans ses narines donnaient à son nez la forme d'une pomme de terre, et des touffes de thym sortaient de ses oreilles. Une guirlande de lierre pendait à son cou, et il avait roulé les jambes de son pantalon jusqu'au-dessus de ses genoux, et nous montrait ainsi de gros mollets velus.

D'une voix tragiquement nasillarde, il nous cria :

— Voici comment s'habillerait un fou, et voici ce qu'il ferait !

Il s'approcha lentement, en se balançant comme un gorille, les bras écartés, les mains pendantes, et brusquement, d'une voix déchirante, il se mit à chanter :

Avec deux glands dans les narines
Et sa belle voix de ténor
C'est un pauvre officier d'marine
Qu'a complèt'ment perdu le Nord !

Puis il cria : « Au refrain ! » et chanta de nouveau, en exécutant une sorte de gigue :

Et youp là là ! C'est ça qui me désole !
Je dérive en plein, je marche sans but,
Et youp ! Et youp ! Où qu'est ma boussole ?
Je n'connais même plus mon azimut !

Il tourna soudain comme une toupie, en criant des « youp là là ! » d'une voix stridente, puis il partit, dansant et bondissant, sur la route, vers le village.

Nous nous regardâmes, stupéfaits, et un peu effrayés.

Yves ne trouva rien d'autre à dire que :

— Eh ben, mon vieux ! Eh ben, mon vieux !

J'étais consterné, mais je voulus discuter le coup.

— Écoute, Yves, il nous a prévenus, il nous a dit qu'il allait faire le fou : par conséquent, il n'est pas fou !

— En tout cas, s'il va au village comme ça, on ne peut pas leur donner tort !

— D'accord, mais puisqu'il nous a prévenus ! C'est un original, oui, et il exagère un peu la blague, mais on ne peut pas dire qu'il soit fou à lier !

Cependant, au loin, M. Sylvain faisait de grands sauts en l'air, les bras écartés, et ses « youp là là ! » déchiraient toujours la paix du crépuscule.

9

Les pestiférés

Et voici l'histoire que M. Sylvain nous conta, assis sur une pierre rouge, en face de la Baume des pestiférés.

— En 1720, comme vous le savez, la peste dévasta Marseille. Je n'y étais pas, et je m'en félicite.

— Nous vous en félicitons également, dis-je.

— Et nous nous en félicitons nous-mêmes, dit Yves.

— Mais les Marseillais, dit M. Sylvain, n'eurent pas à s'en féliciter.

Après la mort du grand Louis XIV, le prince Philippe d'Orléans avait pris la régence du royaume. Il y avait de grandes intrigues à la cour. Mais la France, et particulièrement la ville de Marseille, étaient en pleine prospérité. Les chroniqueurs du temps nous disent que « tous ces négociants sont si puissamment riches que la Noblesse des villes voisines recherche leur alliance avec empressement. Leur principal commerce se fait aux ordres du Levant, c'est-à-dire dans la Syrie, la Palestine et l'île de Chypre, qui sont en Asie, d'où ils tirent, par la Méditerranée, des cotons, des laines, des peaux, des soyes, et quantité d'autres marchandises »...

C'est pourquoi Marseille était riche ; tous ses habitants (sauf les fainéants et les galériens qui avaient là leur port d'attache) vivaient fort convenablement.

Or, il y avait, dans cette ville heureuse, un tout petit quartier, encore plus heureux que les autres, et qui était vraiment un coin de Paradis.

Le Vieux-Port — le Lacydon des Grecs — n'était rien d'autre qu'une baie minuscule, qui tenait la mer captive entre deux petites chaînes de collines, au bout d'un vallon peu profond. En s'éloignant de l'eau salée, le fond de ce vallon remontait vers la chaîne de hauteurs qui encerclent la ville. A huit cents mètres du Lacydon, il y avait, à flanc de coteau, sur la droite, une éminence qui s'appela plus tard la colline Devilliers. Elle était vêtue de quelques broussailles dans le bas, mais on voyait, contre le ciel, au bout de la pente, une sorte de hameau soutenu par une haute muraille dominée par les frondaisons d'une rangée de platanes — *umbrosa cacumena.*

Il y avait là une « placette » rectangulaire, entourée sur trois côtés de maisons, dont plusieurs rez-de-chaussée étaient occupés par des boutiques.

Tout juste au milieu, sur une stèle moussue, un gros poisson de pierre dont la tête sortait d'un rocher lançait jour et nuit un jet d'eau limpide, qui retombait gracieusement dans une conque de grès.

Une rue — qui était en somme une route, arrivait par la droite du côté de la place Saint-Michel, traversait la placette au ras des façades, et en sortait par la gauche, pour descendre jusqu'à la rue de la Madeleine.

Ces maisons étaient habitées par des bourgeois assez riches, à cause de la pureté de l'air, et de la beauté du vaste paysage que l'on découvrait en ouvrant les fenêtres. De plus, derrière les maisons, il y avait de grands jardins qui étaient clos par un mur de pierre d'au moins trois mètres de haut, et au fond de ces jardins, des écuries assez grandes, où logeaient un certain nombre de chevaux.

Comme il est naturel, les habitants de ce petit quartier pointu formaient une espèce de communauté, et quoiqu'ils fussent entourés de tous côtés par la ville ils vivaient à leur façon, un peu comme des villageois.

Ils dépendaient des édiles de Marseille et n'avaient aucun statut particulier. Cependant, Maître Pancrace y régnait : c'était un personnage assez mystérieux, puisque personne ne savait d'où il venait. Mais c'était un médecin très estimé, qui allait tous les jours en ville pour soigner les misères des grands bourgeois, et même de Monseigneur l'Évêque. Il avait soixante ans ; il était encore assez beau, malgré ses rides et ses cheveux blancs, et, quoique petit, il avait grand air. Sa barbe très blanche et taillée en pointe était l'objet de tous ses soins, et comme il avait la main belle il la lissait élégamment, ce qui faisait scintiller le diamant de son annulaire, diamant d'un éclat bleuté, et signe indiscutable d'une grande fortune, présente ou passée. Il était sans doute assez riche, ou tout au moins il avait dû l'être. Sa maison, au centre même de la façade, était la plus large de toutes, quoiqu'il y vécût seul, servi par deux domestiques : dame Aliette, qui était — disait-on — une savante cuisinière, et le vieux Guillou, dont la mâchoire était tristement dégarnie sous une moustache grisonnante, car il avait presque cinquante ans.

Les autres notables du quartier étaient Maître Passacaille, le notaire, qui portait un grand nez frémissant entre deux favoris noirs (d'un noir grisâtre, qui était dû à un peigne de plomb), Garin le Jeune, qui avait bien cinquante ans ; mais la longue survie de son père lui valait ce plaisant qualificatif. Il était très grand, les joues creusées par deux rides verticales, la moustache rare sous un nez plongeant, mais l'œil vif, et les dents belles. Il y avait aussi Maître Combarnoux, le drapier, qui passait pour fort riche, car il fournissait les armées du roi.

C'était un homme très grand, et la pleine force de l'âge faisait briller sa barbe dorée. Il était rude et parlait peu, mais d'une voix forte et rauque, et toujours pour contredire. On ne l'aimait guère, parce qu'il ne donnait pas prise à l'amitié. Mais c'était un homme sobre et vertueux qui allait entendre la première messe chaque matin, suivi de sa femme, de ses trois garçons et de ses cinq filles...

Dans la maison qui faisait le coin de la place, au bout du parapet, et qui surplombait le vide, habitait le Capitaine. C'était Marius Véran, qui avait traversé trente fois l'Océan pour vendre des nègres aux Amériques. Comme ses armateurs lui laissaient une part des profits — et que c'était lui qui faisait les comptes — il avait rapporté de ses courses plus de bel argent que n'en peut gagner un honnête homme. Il était généreux avec les filles de joie qu'il amenait quelquefois chez lui (après la tombée de la nuit) et lançait parfois, sur la placette, une poignée de gros sous, pour le plaisir de voir se battre les enfants... Il avait perdu, dans quelque maladie africaine, presque tous ses cheveux, mais la nudité de son crâne était égayée par une longue balafre en zigzag qui lui donnait un air martial.

A côté de ces notables, il y avait quelques petits commerçants, comme Romuald le boucher, gros et rouge comme il convient, mais presque stupide quand il n'avait pas un couteau à la main ; Arsène, le mercier-regrattier, qui était tout petit, et Félicien, le boulanger, dont les brioches cloutées d'amandes rôties étaient fameuses jusqu'au Vieux-Port. Malgré ses trente-cinq ans, il plaisait encore aux femmes, parce qu'il avait la peau très blanche — peut-être à cause de la farine — et la poitrine velue de poils dorés. Il y avait aussi Pampette, le poissonnier ; Ribard, le menuisier boiteux ; Calixte, qui travaillait à l'arsenal des galères, et quelques autres, dont il sera parlé plus tard.

Naturellement, il y avait des femmes, des enfants, et des vieillards ; en tout, plus de cent personnes, qui vivaient en paix, car il n'est pas nécessaire de mentionner ici les ivresses du capitaine ni les querelles de ménage qui étaient d'ailleurs bien moins fréquentes qu'aujourd'hui.

Quand venait la belle saison, il y avait, sous les platanes feuillus, de grandes parties de jeu de quilles, enrichies de gesticulantes querelles.

Cependant, sur le parapet qui dominait toute la ville et d'où l'on voyait briller la flaque du Lacydon, les notables étaient assis. Ils parlaient de politique ou de commerce et de navigation. De temps à autre, les vaincus du jeu de quilles, qui avaient perdu leur place dans le tournoi, venaient les écouter, assis par terre en demi-cercle, comme les spectateurs des théâtres antiques, pendant que les femmes remplissaient leurs cruches à la fontaine, au son des quilles entrechoquées.

Maître Pancrace avait toujours réponse à tout, avec des vues originales, et pourtant raisonnables, sur tous les sujets : on voyait bien que cet homme connaissait le monde, et peut-être même Paris.

***

Un soir — c'était au début du mois de juin, en l'année 1720, quand les platanes finissent de faire leurs feuilles dont la grandeur est toujours proportionnée à la force du soleil, ce qui prouve que Dieu est l'ami des joueurs de quilles — le capitaine vit le docteur remonter de la ville, dans la petite voiture que conduisait Guillou. Il alla au-devant de lui, et lui proposa de venir déguster sur le parapet une bouteille de vin muscat qu'il était sur le point de boire tout seul.

— Je veux bien, dit Maître Pancrace. Je veux

bien, car j'ai grand besoin de chasser des idées déplaisantes qui me mettent en souci.

— Ma foi, dit le capitaine, la politique n'a pas tellement d'importance, et tout ce que l'on dit sur le Régent et sur une guerre possible, je m'en moque comme d'une guigne. Car si jamais les Anglais...

— Il ne s'agit pas des Anglais, ni de politique, dit Maître Pancrace.

Le capitaine remplit deux gobelets et demanda :

— Auriez-vous des soucis personnels?

— Personnels et généraux, dit Maître Pancrace.

Il leva son verre, le regarda par transparence, et le but d'un trait.

Cependant, d'autres compères, qui avaient vu la bouteille, s'avançaient, le gobelet à la main. Le capitaine éclata de rire, et courut chercher une autre bouteille, pendant que les arrivants saluaient le docteur.

— Mes amis, dit-il quand il revint et tout en enfonçant le tire-bouchon, il va falloir boire trois coups de suite à la santé de Maître Pancrace, car notre ami a des soucis.

— Et lesquels? demanda le notaire.

— Il s'agit plutôt d'une inquiétude, dit le docteur, et peut-être injustifiée. Du moins je l'espère.

Il but un second verre de vin, pendant que le capitaine remplissait les gobelets. Puis, comme il vit que tous attendaient qu'il parlât, il reprit :

— Mes amis, j'ai passé la journée aux Infirmeries du Port, en compagnie de M. Croizet, chirurgien-major de l'Hôpital des Galères, et de M. Bozon, un autre chirurgien de mérite, qui a fait plusieurs voyages au Levant, et qui connaît bien les maladies de ces pays, qui sont fort malsains. Les échevins nous avaient convoqués pour examiner les cadavres de trois portefaix des infirmeries, dont on craignait qu'ils ne fussent morts de la peste.

A ces mots, tous s'entre-regardèrent, et une grande inquiétude marqua les visages.

— Et alors? demanda Maître Passacaille.

— Eh bien, mes confrères ont été formels! Il ne s'agit pas de la peste, et ils l'ont dit fort clairement dans leur rapport à Messieurs les échevins.

— Mais vous, qu'en pensez-vous? demanda le capitaine.

Maître Pancrace hésita, puis dit :

— J'ai refusé de conclure. Certes, je n'affirme pas que ces malheureux sont morts de la peste. Mais j'ai vu certains bubons qui m'ont laissé quelques doutes...

Il vit que ses amis s'écartaient un peu de lui, comme effrayés.

— Rassurez-vous, leur dit-il. Pour examiner cette pourriture, nous avions quitté tous nos habits, et revêtu des blouses trempées dans un vinaigre si puissant que la peau m'en cuit encore. Et de plus, avant de partir, nous avons fait grande toilette médicale. D'ailleurs, c'est peut-être à tort que je m'inquiète, car depuis que j'ai bu ces deux verres de vin, il me semble que mes confrères ont eu raison.

— Il y a tant de maladies qui nous viennent par

les navires ! dit le capitaine. Je connais cent sortes de fièvres, et c'est toujours la même chose : une grande chaleur de la peau, des plaques rouges, des plaques noires, du pus, des vomissements, et on n'y comprend rien... Quand il en meurt beaucoup, on dit que c'est la peste, et ceux qui restent meurent de peur.

— Surtout à Marseille ! dit le clerc, qui venait d'arriver. Il s'appelait Norbert Lacassagne, il avait trente ans et se croyait du Nord parce qu'il était de Valence.

Il enseignait le solfège, la mélodie, la fugue et le contrepoint : les Marseillais n'étaient pas fous de musique, et c'est pourquoi le clerc avait les fesses petites. Mais il avait le cœur grand, et une jolie lumière dans les yeux.

— Qu'est-ce que tu as encore à dire sur Marseille ? dit Garin le Jeune.

— J'ai à dire, répondit le clerc, que je suis venu ici il y a cinq ans, et que depuis cinq ans j'ai entendu annoncer au moins trois fois par semaine que la peste venait d'éclater aux Infirmeries.

— C'est assez vrai, dit Maître Passacaille. Mais il faut dire que nous avons de bonnes raisons de la craindre !

— Les historiens, dit Maître Pancrace, ont relaté dix-neuf épidémies de peste dans cette ville. Trois ou quatre furent d'assez courte durée, mais chacune des autres dévasta la cité pendant plus d'une année, et la laissa presque déserte...

— Il en reste le souvenir dans les familles, dit

le notaire... J'ai encore dans mon étude un grand nombre de testaments qui furent rendus vains, car tous les héritiers étaient morts en même temps que le testateur...

— Et moi, dit Garin le Jeune, ma famille aurait totalement disparu en l'année 1649 si par bonheur l'un de mes ancêtres, qui était armurier dans un régiment du roi, ne se fût trouvé en Alsace au moment de l'épidémie. Onze Garin étaient morts de la contagion, et c'est de la seule souche de ce militaire exilé que la famille put repartir...

— Je comprends, dit le clerc, que ces souvenirs soient un peu effrayants. Mais cependant, nous ne sommes plus à l'époque de l'ignorance, et les bateaux n'entrent plus dans les ports aussi librement qu'autrefois... Il y a des visites, des patentes nettes, des quarantaines...

— Il est évident, dit Maître Pancrace, que nous sommes mieux protégés qu'autrefois, et que notre science a fait d'immenses progrès... Et il me semble tout à fait certain qu'en cas d'épidémie...

A ce moment s'éleva la voix rauque et puissante du marchand drapier, qui venait d'arriver.

— En cas d'épidémie, dit-il, il est tout à fait certain que la volonté de Dieu sera faite, comme toujours, et que tous vos soins n'y changeront rien... Ce qui importe, c'est d'être prêt à partir, comme je le suis, car j'arrive de confesse...

Il fit un large sourire satisfait. Puis il ajouta :

— Est-ce vrai que l'on a des raisons de craindre la... maladie?

— Quelques soupçons seulement, dit Maître Pancrace.

— Dieu reconnaîtra les siens ! dit solennellement Maître Combarnoux.

Sur quoi, il tourna les talons et s'en alla vers sa maison.

— Ma foi, dit le clerc, voilà un homme bien heureux d'avoir une foi si parfaite ! Il ne sourira peut-être pas autant quand son tour viendra de faire le saut !

— Allons, dit Maître Pancrace, je me sens tout à fait ragaillardi, et je vous conseille, jusqu'à nouvel ordre, de n'y plus penser, car nos inquiétudes n'y changeraient rien... Faites donc votre partie de quilles ; moi, je vais me plonger dans mes livres, à tout hasard...

***

Quelques jours se passèrent, sinon sans une vague inquiétude, mais sans angoisse. Les Marseillais oublient assez facilement les pires soucis. Quelques rumeurs de la ville montèrent cependant jusqu'à la placette : on disait que le chirurgien des Infirmeries — l'un de ceux-là mêmes qui avaient nié le danger — était mort de la peste, avec toute sa famille : mais comme il s'agissait de rapports de bouche à oreille, entre gens qui n'avaient rien vu par eux-mêmes, on n'y crut pas entièrement, d'autant moins que chaque soir, lorsque rentrait Maître Pancrace, à tous ceux qui accouraient aux nouvelles, le docteur répondait :

— Rien de certain pour le moment. Soyez tranquilles : si la contagion se déclare, je serai le premier à vous en avertir.

Mais il paraissait toujours soucieux et les hommes ne jouaient plus aux quilles.

*
* *

Ce fut le 10 juillet dans l'après-midi que Maître Pancrace rentra de bonne heure, au galop du petit cheval. Seul le capitaine, sur le parapet, fumait pensivement son brûle-gueule.

— Capitaine, dit Maître Pancrace, réunissez tous les hommes chez moi, le plus tôt possible. J'ai une grave nouvelle à leur annoncer. Tâchez de ne pas leur parler devant les femmes ni devant les enfants.

Sur quoi il rentra chez lui, précipitamment.

Une heure plus tard, les hommes étaient assemblés dans le grand salon du docteur : ils étaient sombres et pensifs, car ils savaient déjà quelle nouvelle ils allaient apprendre, d'autant plus clairement que la servante leur avait dit :

— Maître Pancrace est en train de se baigner dans une eau vinaigrée, et il m'a ordonné de brûler ses vêtements.

— Tous ses vêtements? demanda le notaire.

— Tous ceux qu'il portait sur lui, dit la vieille Aliette. Oui, sa chemise de fil, son jabot de dentelle, ses grands bas de laine d'Écosse, la belle redingote bleue et ses souliers à ganse de soie... Tout cela, mes bons messieurs, c'est maintenant de la cendre dans le fourneau de la cuisine !

La grandeur d'un tel sacrifice prouvait la gravité du danger, et le silence devint plus lourd...

Enfin, la porte s'ouvrit sans bruit, et Maître Pancrace parut. Il était vêtu d'un long drap de bain, qui lui donnait l'allure d'un sénateur romain. Ceux qui étaient assis se levèrent : il alla s'adosser à la cheminée.

— Mes amis, dit-il, je vous demande d'abord de ne pas perdre la tête, vous êtes des hommes, et je vous crois capables de supporter le choc d'une très grave nouvelle. Mon devoir et mon intérêt me commandent de vous avertir. Il est malheureusement certain que la maladie dont tout le monde parle, c'est la Peste.

— C'est donc que Dieu l'a voulu, dit paisiblement le drapier.

Les autres restèrent un moment muets comme des pierres — puis le notaire, d'une voix qui parut assourdie, demanda :

— Vous avez *vu* des pestiférés ?

— On reconnaît maintenant, dit Maître Pancrace, que les deux portefaix de l'autre jour étaient bien morts de la peste, car un troisième, qui faisait équipe avec eux, vient d'en mourir à son tour... Deux grands médecins de Montpellier sont venus tout exprès pour en faire l'autopsie, et leurs conclusions n'admettent aucun doute sur la nature de la maladie. D'autre part, le bruit qui courait de la mort du chirurgien et de toute sa famille vient de m'être confirmé par messieurs les échevins, qui jusqu'ici avaient gardé secrète cette grave nouvelle. On ne peut douter que ces pauvres gens soient morts, eux aussi, par la contagion des portefaix que le chirurgien avait soignés.

Le clerc Norbert, qui arrivait de la ville, dit alors :

— Maître, je crois pouvoir vous rassurer, car j'ai justement rencontré un de mes amis, qui est l'assistant d'un médecin de l'hôpital. Il m'a déclaré que la contagion est en effet aux Infirmeries, mais que c'est là un accident fréquent. Les Infirmeries sont bien organisées pour combattre la peste, et il est tout à fait certain qu'elle n'en sortira pas.

— Il est tout à fait certain, dit Maître Pancrace, que cette fois elle en est sortie.

Garin le Jeune ouvrit énormément ses yeux, puis la bouche : mais il ne put parler.

— Peste ! s'écria le capitaine.

— C'est bien le cas de le dire, répondit le clerc.

— Et où est-elle? demanda Maître Passacaille, qui gardait tout son sang-froid.

— En deux ou trois endroits, dit le docteur. A la place de Lenche, un marinier nommé Eissalène en est mort voici plus d'une semaine. Ces jours-ci, un tailleur nommé Creps est mort avec toute sa famille à la place du Palais. Enfin, ce matin même, je viens de voir mourir une nommée Marguerite Dauptane sur le trottoir de la rue de la Belle-Table. Ce n'est pas encore la grande épidémie, mais je vous déclare que toute la ville est en danger.

Dans un grand silence, Maître Pancrace alla s'asseoir dans un fauteuil, et but à petites gorgées un grand bol de bouillon que la vieille Aliette venait de lui apporter.

— Elle est en danger, dit enfin le drapier, à cause de ses fautes et de ses crimes, qui sont innombrables, et qui durent depuis trop longtemps. Dieu a eu patience jusqu'ici — mais il me semble que sa colère commence, et qu'elle ne s'arrêtera pas de sitôt.

— Notre bon Maître Pancrace, dit le clerc, voit peut-être les choses en noir.

— Je vois les choses en noir, dit Maître Pancrace, parce que la morte que j'ai vue était précisément toute noire.

— Si c'est la peste noire, dit le capitaine, toute la ville va y passer. Car si seulement on regarde un pestiféré, le fil de ce regard suffit pour le passage de la maladie.

— Ce n'est pas tout à fait exact, dit Maître Pancrace. Mais il est vrai que les esprits subtils qui sont les agents de la maladie se propagent à une vitesse incroyable sur le moindre souffle d'air.

— Mais dès maintenant, demanda Maître Passacaille, que devons-nous faire ?

— Pour le moment, notre danger n'est pas pressant. Nous jouissons ici d'un air excellent, parce que nous sommes au plus haut de la ville et qu'il est souvent purifié par le mistral. Mais nous devons prendre un certain nombre de précautions. Par exemple, nous ne laisserons pas les enfants sortir des jardins qui sont adossés à la colline, et où aucune personne étrangère ne pourra leur apporter la contagion. Nous-mêmes, ainsi que nos femmes, nous ne descendrons plus à la ville, sauf en cas de nécessité, et nous n'irons en aucun cas dans les quartiers qui entourent le port. Les provisions et nourritures, je conseille d'aller les chercher du côté des collines, et le plus loin possible, car la contagion se fait aussi par les aliments. Enfin, tous ceux qui auront été obligés de quitter notre placette pour aller à leurs affaires devront dès leur retour prendre un bain d'eau vinaigrée et se savonner du haut en bas, très consciencieusement. Ce sont des précautions peu obligeantes, mais qui suffiront à nous préserver, du moins pour le moment. Si la situation s'aggrave, nous aviserons en temps voulu.

***

Le lendemain matin, Maître Pancrace réunit chez lui le boucher, le boulanger et l'épicier. Il remit à chacun d'eux quelques pièces d'or et leur dit :

— Mes amis, il faut penser à l'avenir. Vous allez atteler vos chevaux, et vous allez partir en expédition dans les villages du Nord, qui doivent être encore parfaitement sains. Toi, Romuald, dit-il au boucher, il faut que tu nous rapportes quelques moutons vivants, et cinq ou six cochons salés. Toi, boulanger, autant de sacs de belle farine que ta charrette en pourra porter. Et toi, dit-il enfin à l'épicier (qui s'appelait Bignon, mais qu'on appelait Pampette), prends des légumes secs, comme pois chiches et lentilles, mais prends surtout cinq ou six tonneaux, non pas de vin, mais de vinaigre, et le plus fort que tu pourras trouver.

— J'en ai déjà quatre fûts dans ma cave, dit Pampette, et je crois...

— Je crois, interrompit Maître Pancrace, que si l'épidémie ne s'arrête pas, nous pleurerons de n'en pas avoir assez... D'autre part, apportez-moi plusieurs bottes de rue, de menthe, de romarin et d'absinthe ; en les faisant macérer dans le vinaigre, nous obtiendrons une liqueur qui s'appelle le Vinaigre des Quatre Voleurs, et qui a fait merveille pendant la peste de Toulon, il y a tout juste soixante-dix ans. Ce n'est pas un remède à la maladie, mais cette lotion est un préservatif des plus efficaces, parce qu'il détruit les insectes invisibles qui propagent la contagion. Maintenant, allez, mes amis — mais ne voyagez pas ensemble, afin de ne pas trop attirer l'attention — et surtout, prenez soin de bien couvrir vos chariots d'une bâche, qui cachera leur chargement...

***

Les trois chariots partirent dans l'heure, et ne revinrent qu'à la tombée du jour. Ces trois hommes avaient bien rempli leur mission. L'un était allé du côté d'Allauch, à cause des moulins à blé, l'autre vers Simiane, et le troisième vers Aubagne.

Ils déclarèrent que sur leurs parcours tout leur avait paru tranquille, et que les paysans qui les avaient fournis n'avaient même pas posé de questions. Mais à ce moment même, Maître Garin le Jeune, qui revenait de la ville (où il était allé acheter de la poudre), leur déclara (de loin, car il n'avait pas encore pris son bain d'eau vinaigrée) qu'il avait vu des rues presque vides, un grand nombre de boutiques fermées, et qu'il avait rencontré un certain nombre de personnes qui circulaient sous des cagoules vinaigrées... Il aurait parlé plus longtemps si le docteur ne l'avait renvoyé d'urgence faire sa toilette.

Le rapport des approvisionneurs compensant en quelque sorte celui de Garin le Jeune, les gens de la placette ne furent pas alarmés outre mesure, et chacun dormit comme à l'accoutumée, sauf Maître Pancrace, qui se promena dans sa chambre jusqu'à l'aube.

Le lendemain matin, vers huit heures, comme chacun vaquait à ses occupations, on entendit soudain sonner le glas, à l'église de la Palud, puis à Saint-Charles, puis aux Accoules. Cela n'étonna personne, car on savait bien qu'il y avait chaque jour une dizaine de funérailles. Mais la brise apporta le son des cloches du Pharo, puis de celles d'Endoume, et les Catalans sonnèrent à leur tour.

Maître Pancrace sortit sur sa porte, et il écouta. Assis au bord du parapet, le clerc et le capitaine écoutaient aussi, quand la Joliette entra dans cette lamentation, puis l'Estaque, puis Saint-Henri, puis la lointaine chapelle du Rove, qui profita de la brise de mer pour lancer quelques notes dans ce triste concert.

— Je n'aime pas cette musique, dit Maître Pancrace.

— Il est certain, dit le clerc, que les menuets de M. Lulli sont bien plus agréables à l'oreille, et surtout à l'esprit... Mais pour moi, je ne crois pas encore que ce soit la peste. Mon ami l'assistant de l'hôpital m'a dit que nous étions à la saison des fièvres malignes, et que les marais de l'Huveaune répandent en ce moment un venin très subtil qui est la cause de cette petite contagion. Il y a aussi, en même temps, une recrudescence de la grande vérole, à cause de ces deux régiments venus de Toulon, et mon ami l'assistant...

— Ton ami l'assistant, dit brusquement Maître Pancrace, n'est qu'une andouille, qui se croit un savant parce qu'il donne des clystères. Je te dis que la Peste est lâchée dans la ville, et qu'au moins la moitié de ces gens vont périr.

— Je ne doute pas de votre science, dit modestement le clerc, mais j'espère que pour la première fois de votre vie vous vous trompez... En tout cas, comme il faut que j'aille en ville pour recevoir le prix de mes leçons de ce mois, je vous rapporterai des nouvelles fraîches avant midi.

— Plaise à Dieu, dit Maître Pancrace, que tu ne nous rapportes rien d'autre.

Le clerc se leva, sans pouvoir retenir un petit sourire, salua fort poliment, et s'en alla d'un pas léger.

Le capitaine le regarda s'éloigner avec un air d'inquiétude, puis il se leva, et mit ses mains en porte-voix ;

— O Norbert !

Le clerc s'arrêta un instant, et se retourna.

— Si tu prends la peste, cria le capitaine, ne reviens pas crever ici !

Le clerc leva ses deux bras arrondis au-dessus de sa tête, sauta légèrement pour battre un entrechat, retomba en génuflexion, et sur le bout de ses doigts envoya un baiser vers la placette. Puis il mit ses poings sur ses hanches et descendit la côte en dansant.

Maître Pancrace passa la journée dans son cabinet, à compulser ses livres de médecine et d'histoire. Vers les midi, la vieille Aliette, sans dire un mot, vint dresser un couvert sur la petite table, devant la fenêtre, et servit ensuite, sur un long plat d'argent, un loup grillé sur un lit de fenouil.

En passant devant son maître, elle murmura très bas :

— Ce sera froid...

Maître Pancrace, le nez dans un très gros livre, répéta, d'une voix lointaine et sans timbre :

— Ça sera froid... mais ne dit pas autre chose.

Les glas sonnaient toujours au loin, et Maître Pancrace lisait : « Prenez un brin de rue au plus haut de la plante ; un grain d'ail, un quartier de noix, un grain de sel de la grosseur d'un pois. Mangez cela tous les matins, et vous pouvez être assuré d'être prévenu de la peste. »

Il haussa les épaules, tourna la page, et tomba

sur le remède du médecin allemand Estembach. La recette en était fort complexe, et lui parut intéressante, mais l'auteur de l'ouvrage ajoutait en note : « Il fit prendre ce remède à quatorze personnes, qui en moururent sur-le-champ : ce qui fut cause que nous ne voulûmes plus que ce médecin vît d'autres malades. »

Cependant, il continua sa lecture toute la journée, les poings aux tempes, sans un regard pour le beau poisson qui l'attendait sur son lit de fenouil...

Il lut au moins deux cents recettes ; ce n'était que thériaque, scorsonère, genièvre, sel ammoniac, antimoine diaphorétique, oignons blancs et limaces écrasées... Les auteurs du livre parlaient de « bons résultats », « adoucissement des souffrances », et de « quelques guérisons surprenantes ». Cependant, dans leurs conclusions, les auteurs proclamaient que « les seuls remèdes vraiment efficaces étaient la Prière de saint Roch et la bénédiction de saint François ».

Comme le soir venait, le bon médecin referma son livre, se leva, et vint rêver devant sa fenêtre.

Des enfants jouaient sur la placette au chat perché, aux billes, à la marelle... Il regardait avec tristesse ces innocents, si pleins de vie et de gaîté, et que menaçait une mort affreuse, lorsque les jeux s'arrêtèrent, et il vit que les enfants regardaient tous du même côté, avec une curiosité inquiète : et soudain, tous prirent la fuite vers les maisons, dont les portes claquèrent.

Maître Pancrace ouvrit sa fenêtre, et se pencha pour voir la cause de leur effroi.

Dans la rue qui venait de la Plaine Saint-Michel, il vit s'avancer un terrible cortège.

Deux hommes, vêtus de longues blouses grises, le visage caché sous une cagoule et les mains gantées de noir, marchaient les premiers. Leur main droite dressait une torche, leur main gauche agitait sans arrêt une clochette de cuivre. Derrière eux, on entendait grincer des essieux, et sonner sur le pavé les fers des chevaux... A mesure qu'ils se rapprochaient, Maître Pancrace distingua comme une psalmodie, et il reconnut bientôt les paroles du *Miserere*.

Tout le monde fut bientôt aux fenêtres, et l'effrayant cortège défila longuement...

Il y avait quatre charrettes, escortées par les pénitents noirs. Chacun portait un flambeau, et chantait les terribles paroles, sous la cagoule mortuaire.

Les morts étaient entassés pêle-mêle : on les avait jetés sur ces chariots, et quelquefois du haut d'une fenêtre... Un bras pendait, une jambe se balançait au bord d'un plateau sans ridelle, près d'une tête renversée, le menton pointé vers le ciel et la bouche ouverte... Beaucoup étaient nus. Sur le dernier véhicule, assis à l'arrière et adossé à un tas de cadavres, il y avait un mort tout habillé, en redingote de chasse, avec des bottes de cuir bleu, et un jabot de dentelle blanche sous un menton noir comme du charbon...

Comme un moine marmonnant passait juste sous sa fenêtre, Maître Pancrace l'interpella :

— Mon frère, où allez-vous?

— Au cimetière des Chartreux, dit le frater. Il n'y a plus de place ni à Saint-Charles ni à Saint-Michel.

— Mais comment se fait-il qu'en si peu de temps...?

— Il se fait que les bonnes gens tombent comme des mouches, et qu'on n'a même plus le temps de les confesser... Pour moi, je crois que mon épreuve est presque finie, car j'ai un gros bubon qui me pousse sous le bras gauche. Je crois que j'arriverai au cimetière, mais j'ai bon espoir de n'en pas revenir...

Tandis qu'il parlait, un sang noirâtre suintalt aux coins de sa bouche. Pancrace referma brusquement sa fenêtre et courut se laver la figure au vinaigre, pendant que les chants funèbres s'éloignaient... et le médecin n'eut pas besoin d'appeler ses voisins : ils arrivèrent chez lui en foule, comme pour se mettre sous sa protection. Le vestibule était bondé, et comme tous ne pouvaient entrer, Maître Pancrace les pria de sortir dans son jardin, pour y discuter de la situation.

Pendant que tout ce monde prenait place, on vit arriver Maître Passacaille, le notaire, roulé dans un drap trempé de vinaigre, car il remontait de la ville. Il était très pâle, et son visage était crispé par une sorte de rictus : mais son regard était net et brillant, comme d'ordinaire, car c'était un homme courageux.

— Mon cher ami, dit-il au docteur, j'ai voulu en avoir le cœur net et j'ai visité plusieurs quartiers, sous une cagoule vinaigrée, afin d'éviter, s'il est possible, la contagion. Le cortège qui vient de passer vous a tous frappés de terreur : eh bien, sachez que j'en ai vu au moins cinquante, et plusieurs étaient composés d'une dizaine de chariots. Depuis deux jours, la contagion s'est répandue comme la foudre, depuis les Catalans jusqu'à l'Estaque, et il a fallu rompre les fers de cinquante galériens, à qui l'on a promis la liberté pour leur faire ramasser les morts dans les rues. J'ai vu mon ami Estelle, l'échevin : tous ces messieurs sont au désespoir. Trente-deux chirurgiens et seize médecins sont morts en trois jours. On a fait appel à ceux de Montpellier, de Toulon, d'Aix et d'Avignon. Il en est arrivé, m'a-t-il dit, seize, ce matin même. A trois heures, l'un d'eux était mort... Tous les religieux de la ville sont en campagne, avec un dévouement admirable. J'en ai vu, agenouillés sur les trottoirs, pour confesser des mourants. Voilà ce que j'avais à vous dire... Maintenant, comme je ne suis pas sûr d'avoir évité la contagion, je vais m'enfermer pendant trois jours dans ma cave, où j'ai fait porter quelques nourritures. Je n'en sortirai que le quatrième jour, avec la certitude d'être sain. Si par malheur le fléau m'a touché, laissez-moi mourir solitaire, et ne risquez pas la vie de tous pour me donner une sépulture : murez simplement la porte et le soupirail.

— Vous risquez donc, dit le drapier, de mourir sans confession ?

— Je prends ce risque, dit Maître Passacaille, pour l'amour de ces enfants, et je crois que le bon Jésus, qui les aime particulièrement, daignera confesser lui-même le vieux fripon de notaire que je suis.

Sur ces paroles étonnantes, Maître Passacaille fit demi-tour, et s'en alla sur ses longues jambes vers sa cave, où l'attendaient six bouteilles de vin autour de quatre poulets rôtis.

— Voilà un bien grand honnête homme, dit Maître Pancrace, et qui nous a donné grand exemple. Maintenant, asseyez-vous sur l'herbe, et écoutez-moi.

« Je me suis posé, depuis quelques jours, une très grave question : ne devrais-je pas, puisque je suis médecin, partir pour la ville, et donner mes soins à ces milliers de malheureux? J'y laisserais très probablement ma vie : mais n'est-ce pas une mort honorable pour un médecin?

— Non, non, crièrent plusieurs voix.

— Restez avec nous ! Restez avec nous ! disaient les femmes.

— Attendez un instant, dit Pancrace. Car il faut que je justifie par avance la conduite que je vais tenir.

« Je connais la peste, puisque j'ai soigné des milliers de malheureux pendant l'épidémie de Hambourg, en Allemagne... J'ai parlé souvent de ce fléau, avec mes confrères, et j'ai étudié tout ce qui fut écrit à ce sujet, non seulement en langue française, mais en latin, en anglais et en allemand. Ma conviction est faite, et je suis de l'opinion de M. Boyer, le très grand médecin de la marine de Toulon.

« La peste, a-t-il écrit, est une maladie cruelle que l'on ne guérit pas, qui se communique, et dont les vrais préservatifs sont la flamme et la fuite. » L'historien grec Thucydide était déjà de cet avis. Il existe plusieurs centaines de remèdes : mais il est absolument prouvé qu'ils ne servent à rien, sinon à précipiter la fin des malades, ce qui, en somme, n'est pas un mal, mais n'est pas le but que nous voudrions atteindre.

« Je crois donc que soigner les pesteux, c'est soigner des morts, tandis que notre devoir, c'est de préserver les vivants... »

Il y eut un long murmure, fait de soupirs de soulagement, et même de quelques petits rires.

— Est-il possible, poursuivit Pancrace, de vous préserver du fléau?

Il attendit quelques secondes, et dit avec force :

— Oui.

A ce moment, on entendit la voix de Maître Passacaille; elle sortait du soupirail, et elle disait :

— Estelle m'a dit qu'il n'y avait eu aucun malade chez les chanoines de Saint-Victor, qui ont pris la précaution de murer les ouvertures de leur couvent !

— J'allais justement dire, s'écria Pancrace, que dans toutes les épidémies les ordres religieux cloîtrés n'ont même jamais entendu parler du fléau qui faisait rage autour de leurs couvents. Eh bien, mes amis, nous allons suivre leur exemple, qui est fort peu honorable pour des moines qui devraient tout sacrifier à la charité chrétienne, mais qui convient parfaitement à des citoyens chargés de famille.

« Nous allons d'abord accepter, de bonne volonté, une discipline rigoureuse : à partir d'aujourd'hui, personne ne sortira d'ici.

Le drapier bourru parla brusquement :

— Et la Sainte Messe? Il me faut descendre tous les jours, avec toute ma famille, jusqu'à l'église de la Madeleine — et j'avise ceux qui n'y vont guère d'ordinaire que c'est peut-être le moment d'y assister tous les matins, et plutôt deux fois qu'une !

Et il regardait fixement Maître Pancrace, qu'on ne pouvait guère citer en exemple pour sa piété.

— Je vous déclare, dit le docteur, qu'il faut renoncer à la messe pour quelque temps. Le Bon Dieu qui nous voit saura bien que ce n'est pas par manque de zèle : il n'ignore pas, en effet, qu'une église, comme d'ailleurs tous les lieux de réunion, est un très dangereux foyer de contagion. Tout le monde ici connaît la fermeté de votre foi — mais si en revenant de la messe vous rapportez la Peste dans notre petite communauté, est-ce que vous aurez agi en bon chrétien ?

— Je trouve, dit le drapier avec force, qu'il faut être un bien grand mécréant pour admettre qu'il est possible de prendre la peste en écoutant la Sainte Messe ! Je dis que les bons chrétiens n'ont rien à craindre du fléau ! Pour moi, tant que mes jambes pourront me porter, je ne manquerai pas un seul jour d'aller assister au divin sacrifice. Ça ne m'est jamais arrivé depuis ma première communion, ça ne m'arrivera pas demain !

— Ainsi donc, dit Maître Pancrace, vous avez décidé de nous rapporter ici l'infection et la mort?

— Je n'ai pas la prétention de rien décider, dit le drapier, d'un ton rogue. C'est Dieu qui décide seul, et vos efforts pour échapper à sa volonté sont non seulement ridicules, mais impies. S'il lui plaît de nous envoyer la peste ou la mort, il est fou de prétendre lui résister, et je ne vous soutiendrai pas dans cette entreprise criminelle, qui ne peut aboutir à rien. Je vous préviens donc que demain matin j'irai à l'Église avec toute ma famille, après quoi, je me rendrai à Saint-Barnabé pour voir mon frère, dont je n'ai pas eu de nouvelles depuis cinq jours, et je rentrerai chez moi demain soir, ne vous en déplaise.

Sur quoi, il enfonça son chapeau sur sa tête, et sortit.

— Voilà un honnête imbécile, dit Maître Pancrace, qui nous coûtera peut-être la vie.

— Oh que non ! dit le capitaine. Il n'y a qu'à l'enfermer dans une cave avec toute sa famille...

— S'il revient demain soir, c'est ce que nous ferons, dit Maître Pancrace.

— Et pourquoi ne pas l'enfermer tout de suite? demanda Garin le Jeune.

— Parce que, dit le docteur, j'espère que ce qu'il va voir demain lui rendra la raison, et que c'est en tremblant qu'il nous réclamera le vinaigre sauveur. Parlons maintenant de notre organisation, car il va falloir vivre comme des assiégés. Avons-nous des provisions suffisantes?

— En tout cas, dit Maître Garin, l'eau ne nous manquera pas. La fontaine n'a jamais coulé avec tant de force...

— Je crois, dit le docteur, qu'il serait sage de ne pas nous en servir. Cette eau vient du bassin des Chartreux, qui est alimenté par l'Huveaune — et il suffirait qu'un pestiféré tombât dans cette rivière, ou seulement y rafraîchit ses bubons, pour que cette eau soit empoisonnée. Nous ne boirons que l'eau des puits.

— Il y en a bien quatre mètres dans le mien, dit Maître Garin, ce qui fait, à mon estime, un bon millier de cruches.

— Chez moi, dit Bignon l'épicier, je n'en ai que deux mètres, mais le niveau se maintient toute l'année... Si j'en tire avec excès pour l'arrosage, il est vrai qu'il baisse un peu, mais il remonte dans la nuit...

— Donc, dit Maître Pancrace, pas de crainte pour l'eau... Maintenant, la nourriture.

Bignon l'épicier s'avança.

— Avec ce que nous avons apporté à nos derniers voyages, mes caves sont grandement garnies. J'ai d'abord une bonne douzaine de barils d'anchois, que j'avais fait venir de Toulon bien avant la catastrophe, et dix caisses de morues salées. J'ai toute une cave de pommes de terre, cinq barils d'huile d'olive, de grands bocaux d'épices, cinq ou six sacs de pois chiches (ils ont été un peu attaqués par les charançons, mais il n'y aura qu'à les trier) et deux cents livres de lentilles. Et puis, dit-il en riant, j'ai mes courges en bois !

Il avait en effet acheté, à un capitaine espagnol, une petite cargaison de courges, qui n'avaient de courges que le nom. C'étaient des sphères de bois, pareilles à de gros boulets de canon, et presque aussi dures. Mais quand on les sciait en deux, on y trouvait bel et bien une pulpe blanche, savoureuse, et nourrissante. Cependant, les clientes de Patrice, effrayées par l'aspect et la sonorité de cet étrange légume, lui avaient laissé pour compte la plus grande partie de la cargaison. Il s'en consolait, en disant :

— L'écorce est imperméable, et ça reste frais pendant quatre ans !

Mais son fils, qui était d'un caractère enjoué, préconisait l'ouverture d'une fabrique de bilboquets.

— Est-ce qu'il vous en reste beaucoup ? demanda Maître Pancrace.

— Il y en a deux caves pleines jusqu'au plafond ! dit le fils.

— Elles vont peut-être nous sauver la vie, dit le médecin. Et toi, boulanger, combien as-tu de farine ?

Le beau boulanger réfléchit fortement, car il avait l'esprit très lent, et dit enfin :

— J'ai douze balles de farine, qui doivent faire au moins douze quintaux de cent livres.

— Combien cela fait-il de kilos de pain ?

— Un peu plus du double, dit le boulanger. Mais ce qui me manquera, c'est le bois ! Je n'en ai que pour une semaine...

— Si c'est nécessaire, dit Maître Pancrace, nous

brûlerons nos parquets. Mais nous n'en sommes pas encore là !

— Et puis, dit Garin le Jeune, l'hiver n'a pas été dur, et il en reste, des provisions, dans toutes les caves...

On entendit alors parler le soupirail ; le notaire disait :

— Il m'en reste au moins deux charretées !

— Comment vous sentez-vous ? lui cria Pancrace.

— Un peu chaud, cria le notaire. Mais je crois que c'est à cause des deux bouteilles de vin que je viens de boire, et qui m'ont grandement revigoré !

— C'est sûrement le vin, cria encore Pancrace. Maintenant, essayez de dormir !

— Je ne peux pas ! cria le notaire. Ce que vous dites m'intéresse trop ! Continuez ! Continuez ! Demandez au boucher ce qu'il a !

Le gros Romuald s'avança, un peu intimidé, et il dit très vite :

— J'ai la moitié d'un bœuf, un veau et trois moutons. Si nous sommes une centaine, ça peut nous faire quinze jours. Peut-être trois semaines, si la viande se conserve...

— Ma cave est glacée, dit le docteur. Je la mets à ta disposition.

— Et si ça dure plus de trois semaines ? dit le notaire.

— Ma foi, dit le docteur, il y a dans les écuries ma mule, la vôtre, et les deux chevaux du boucher.

— Vous voulez manger mes chevaux ? dit le boucher horrifié.

— Nous voulons vivre, dit le docteur. Et toi

aussi, tu veux vivre. Si on les mange, on t'en achètera de plus beaux après.

Enfin, dans un élan de générosité, chaque commère vint avouer la liste de ses provisions : il était d'usage, à cette époque, de garnir les placards et les resserres aussi complètement qu'on le pouvait, car le ravitaillement — même dans une grande ville — n'était pas toujours assuré comme il l'est aujourd'hui.

Les grands-mères triomphèrent avec un si grand nombre de pots de confitures que Garin le Jeune les soupçonna d'exagérer (en quoi il se trompait) et les ménagères déclarèrent trente toises de saucissons, plusieurs douzaines de jambons, des sacs de châtaignes sèches, de la farine de maïs, des pois chiches, des lentilles, des haricots, le tout en quantités si grandes que Maître Pancrace se frotta les mains joyeusement, et déclara :

— Mes amis, je pense qu'avec un peu d'économie nous pourrons tenir au moins quatre mois. D'ici là, les légumes que nous allons planter dans nos jardins auront mûri, ce qui nous donnera un ou deux mois de plus, si c'est nécessaire : c'est-à-dire que nous sommes sauvés !

Alors, le capitaine s'avança, et dit, de l'air d'un homme offensé :

— Et moi ? On ne me demande rien ?

— Un homme seul, dit Pancrace, n'a pas beaucoup de provisions...

— Parce que vous oubliez le principal, dit le capitaine. Moi, je puis mettre à la disposition de la communauté quatre barriques de bon vin, c'est-à-dire près de mille bouteilles : deux tonnelets de rhum, un petit fût d'eau-de-vie, et plus de cent bouteilles de liqueurs différentes, comme marasquin, aguardiente, schnaps, kirsch et brandevin, qui sont les meilleurs remèdes du monde !

On lui fit — à voix basse — des acclamations.

— Et maintenant, dit Maître Pancrace, je vous conseille d'aller dîner de bon appétit. Mais vous viendrez ensuite défiler chez moi, je vous examinerai l'un après l'autre, afin d'être certain de ne pas enfermer le loup dans notre bergerie... A tout à l'heure.

Au loin, les glas sonnaient toujours, mais déjà tous reprenaient courage, à cause du plan du docteur.

Tandis que chacun rentrait chez soi, on entendit, une fois encore, la voix de Maître Passacaille, qui appelait le capitaine, et le négrier courut au soupirail.

— Qu'y a-t-il? Etes-vous plus mal?

— Non, dit le notaire d'une voix forte. J'ai l'impression que je vais vers la guérison. Mais je crois qu'elle serait hâtée si vous m'apportiez l'une de ces bouteilles dont vous avez parlé tout à l'heure !

— Voilà une idée raisonnable, dit le capitaine.

Et il partit en courant vers sa cave.

Après le dîner, Maître Pancrace examina d'abord les enfants : comme ils n'avaient pas quitté la placette depuis deux semaines, la revue fut assez vite faite. Ce fut ensuite le tour des hommes : presque tous étaient allés à la ville, et l'examen du docteur fut minutieux.

Il les faisait étendre tout nus sur la table, et il

examinait d'abord toute la surface de leur peau. Puis il flairait leur haleine, examinait leur langue et leur gorge, tâtait leur pouls, palpait leur ventre, leurs aisselles, leurs aines, à la lumière de quatre flambeaux. Chaque fois qu'il disait : « Celui-ci est sain », la vieille Aliette s'approchait, et frictionnait l'homme avec le bon vinaigre des Quatre Voleurs ; alors, il sautait de la table, et il éclatait de rire.

Vers la minuit, ce fut le tour des femmes, puis des demoiselles. Quatre commères vinrent tenir les flambeaux. On remarqua que Maître Pancrace apportait beaucoup de soin à cet examen : il resta parfois plus d'une minute à caresser la blanche peau d'une rougissante demoiselle, puis il cherchait de fort près, et pour ainsi dire du bout du nez, la moindre trace d'écorchure, ou le plus petit bouton : c'est que la peste est une maladie fort insidieuse qui débute parfois à très petit bruit. Enfin, vers les trois heures du matin, tout fut fini, et le docteur déclara qu'en toute certitude la peste n'était pas entrée dans leur retraite, et ce fut une rumeur de joie.

Garin fit toutefois remarquer que Maître Combarnoux et sa famille n'étaient pas venus à la visite, et que le clerc n'était pas rentré.

— J'en suis bien fâché pour ce jeune homme, dit Pancrace, et son absence n'est pas un bon signe. Quant au marchand drapier, nous aviserons demain.

Tout le monde alla dormir.

Tandis que Maître Pancrace se déshabillait, il lui sembla entendre une sorte de plainte qui montait des caves... Il se reprocha de n'avoir pas pris de nouvelles de Maître Passacaille, qui agonisait peut-être sur un tas de bois... Il tendit anxieusement l'oreille. C'était bien la voix du notaire, mais elle ne se plaignait pas. Elle chantait :

O bergère vola-age
Dis-moi le secret de ton cœur,
Je veux dans ton corsa-age
Trouver le chemin du bonheur...

***

Vers les six heures du matin, la vieille Aliette vint l'éveiller, ce qui ne fut pas facile.

— Maître, dit-elle, le drapier s'en va !

Pancrace sauta du lit, et dans sa chemise de nuit il courut à la fenêtre, et l'ouvrit toute grande.

Maître Combarnoux était occupé à régler la longueur des rênes de son cheval, qui était attelé à une jolie carriole jardinière.

Sur le siège, sa femme avait déjà pris place, et ses cinq filles étaient installées sur le plateau derrière elle, sur de jolis coussins bleus.

— Maître Combarnoux, dit Pancrace, la nuit ne vous a donc pas porté conseil?

— Au contraire, dit le drapier. Elle m'a fortifié dans ma résolution d'ignorer la peste, et de me soumettre humblement à la volonté de Dieu, sans rien changer à mes habitudes.

— Dans ce cas, puisque vous allez chez votre

frère à Saint-Barnabé, je crois que vous feriez bien d'y rester.

— Et pourquoi? dit brutalement le drapier.

— Parce que, pour notre sécurité, nous serons forcés de prendre contre vous et votre famille des mesures qui vous déplairont.

— Je voudrais bien voir ça, dit le drapier, en ricanant vaniteusement.

— Vous le verrez, dit Maître Pancrace. Et sans doute pas plus tard que ce soir !

Sur quoi, il referma la fenêtre, tandis que le drapier faisait claquer son fouet.

Pendant toute la matinée, Pancrace dirigea les derniers travaux. Il ordonna d'abord aux hommes de pratiquer des brèches dans les murs mitoyens des jardins, afin que l'on pût passer de l'un dans l'autre. Pendant ce temps, il alla faire, avec une grande précision, l'inventaire des caves, accompagné du capitaine, qui nota sur un vieux livre de bord les quantités et la nature des nourritures disponibles. Enfin, il fit descendre des greniers quelques vieilles paillasses, que l'on souilla de fumier, et de sang de lapin : on les disposa dans la rue, comme si elles avaient été jetées par les fenêtres... Dans le courant de l'après-midi, tous les volets furent fermés, et l'on mit les barres aux portes.

Puis, Pancrace alla se pencher vers le soupirail de la cave du notaire, que l'on avait un peu oublié. Il entendit, à sa grande frayeur, un râle étouffé.

— Le malheureux, dit-il.

Il l'appela, cependant... Au troisième appel, le râle se tut, et fut soudain remplacé par une sorte de mugissement modulé, et Pancrace distingua le notaire, assis sur une paillasse, qui bâillait à bras ouverts. Puis, il se frotta les yeux, et dit, sur le ton de la surprise :

— Où suis-je ?

— Dans votre cave, dit Pancrace. Comment vous sentez-vous ?

— La bouche pâteuse, et le cheveu raide ! dit le notaire... Et je me demande pourquoi j'ai dans le nez une terrible odeur de rhum.

Toute la journée, la communauté travailla comme une ruche : les enfants jouaient dans les jardins, sous la surveillance des grands-mères : elles leur avaient fait des contes sur la présence d'un grand méchant loup, qui ne faisait de mal à personne tant qu'on ne le réveillait pas, mais qui accourait infailliblement au moindre cri. Les enfants jouaient donc en silence, et quand par hasard un éclat de rire leur échappait, toute la troupe, terrorisée, courait s'enfermer dans les écuries...

Vers le soir, on tint une conférence sur le retour du drapier.

— Il ne faut pas le laisser entrer, dit Garin le Jeune. J'ai déjà mis la barre à sa porte. Puisqu'il tient à crever de la peste, il peut bien crever n'importe où.

— Il ferait du bruit, dit le docteur. Il irait certainement se plaindre aux autorités — et je suis d'avis qu'il vaut mieux ne pas attirer l'attention sur nous... Il vaut mieux que l'on nous croie morts, ou partis...

— Mais alors, dit Bignon, qu'est-ce qu'on va en faire ?

— Ils sont sept, dit le notaire. On ne peut pas les tuer tous !

— Il n'est pas question de tuer personne, dit Pancrace.

— Pas encore ! dit le capitaine. Mais n'oubliez pas que la Peste Noire, c'est la mort assurée pour le malade, et la mort possible pour ses voisins. Moi, je trouve qu'un mort possible a le droit de tuer un mort certain.

— Ceci me semble raisonnable, dit Maître Pancrace. Mais Maître Combarnoux n'a pas encore la peste, du moins à ma connaissance. S'il revient ce soir, nous essaierons d'abord de le raisonner. Mais s'il persiste à vouloir nous infecter, alors nous l'enfermerons dans la cave de Garin, qui se trouve sous l'écurie du milieu, et dont le soupirail s'ouvre dans l'écurie. S'il veut crier, nous le bâillonnerons. D'ailleurs, je suis persuadé qu'il ne fera pas grande résistance, parce qu'il sera bien aise d'être mis en sûreté par force, et sans manquer volontairement à ses devoirs, ce qui le déchargera de tout péché devant Dieu.

— Je vais, dit le capitaine, préparer un sac bien épais pour lui mettre sur la tête, et des cordes pour le ligoter.

— Et moi, dit Garin, je vais débarrasser ma cave, car je suis sûr que ce fanatique...

Mais il ne put achever sa phrase, car la vieille Aliette entra soudain, et dit :

— Voilà Maître Combarnoux qui arrive : je l'ai vu par le fenestron de la cuisine !

Maître Pancrace monta en courant au premier étage de sa maison : le notaire, Garin et le capitaine le suivirent.

Pancrace ouvrit lentement un volet...

Devant la porte du drapier, juste à gauche, sa jardinière était arrêtée. Sur le siège, il n'y avait personne. Mais sur le plateau, la femme et les quatre filles étaient couchées les unes sur les autres... Elles avaient des visages noirs et rouges, et horriblement enflés : la mère serrait encore dans ses bras la plus petite, qui avait l'air d'une poupée goudronnée...

Sur les trois marches, devant la porte, Maître Combarnoux était plié en deux... Il gémissait à grands ahans, et tomba soudain sur les genoux, tandis que son chapeau dur de feutre bleu roulait sur le trottoir...

Il fit encore un grand effort, pour lever vers la serrure la grosse clef brillante de sa maison : mais sa main retomba, comme morte, et lâcha la clef qui tinta sur les pierres... et il gémit :

— Au secours ! Au secours ! Ouvrez-moi !

— Maître Combarnoux, dit Pancrace d'une voix un peu tremblante, vous ne pouvez plus entrer ici maintenant...

— Pour l'amour de Dieu, dit le pauvre homme, ouvrez-moi, et soignez-moi !

— Pour l'amour des hommes, dit Maître Pancrace, n'essayez pas d'entrer ici : il n'y a que des hommes sains, et des femmes et des enfants... Vous avez pris ce mal par votre faute, ne venez pas en infecter les autres.

Le drapier poussa un profond soupir, et gémit :

— Dieu m'a abandonné...

— Ne le croyez pas, dit le Capitaine, puisqu'en ce moment même il vous rappelle à lui.

— Ma femme et mes enfants sont morts...

— Parce qu'il n'a pas voulu vous séparer ! dit le notaire.

— Donnez-moi au moins à boire, dit le drapier, avec un cri déchirant.

— Je vais vous descendre un cordial, dit Pancrace, mais je ne peux pas vous cacher qu'il n'y a plus rien à faire.

— Je le sais bien, murmura le drapier... Mais c'est quand même terrible qu'un homme de ma condition agonise dans la rue...

— C'est peut-être mieux que de mourir chez vous, dit le capitaine. Vous n'avez pas de plafond sur la tête et votre âme ira droit au ciel !

A ce moment, au bout d'une ficelle, Garin le Jeune fit descendre un cruchon de vin blanc frais... Dans un grand effort, le moribond se traîna à plat ventre sur le trottoir, et saisit enfin le cruchon d'une main tremblante... A grand-peine, il finit par le porter à ses lèvres. Mais il rejeta la première gorgée dans un hoquet épouvantable, et elle fut suivie d'un flot de sang noir...

— Maître Combarnoux, dit Pancrace, il vous

reste encore un peu de vie... Faites un effort, et essayez de vous asseoir sur les marches de mon escalier, le dos appuyé contre ma porte...

— A quoi bon? haleta le mourant.

— Ce sera, dit Pancrace, une bonne action, la dernière de votre vie, parce que votre dépouille fera peur aux bandits qui vont peut-être venir nous attaquer, et vous sauverez ainsi la vie de trente petits enfants que vous connaissez...

Alors, le gros drapier bourru, secoué par les hoquets de l'agonie, et vomissant à chaque mouvement une boue sanglante, rampa jusqu'aux marches... Il y resta un instant immobile, et le capitaine dit :

— C'est fini. Il est mort.

Mais il rassemblait, à travers les tortures de sa chair pourrie, les dernières forces de son cœur. Et soudain, par un effort suprême, il réussit à se retourner : alors, en quatre spasmes horribles, il fit remonter son dos contre la porte, et sur sa poitrine, pour la dernière fois, il joignit les mains.

Aliette, qui avait passé sa tête sous le bras de son maître, cria soudain :

— Vous voyez l'Ange? Regardez l'Ange !

Ni Pancrace ni le capitaine ne le virent : mais ils regardaient, stupéfaits, sur la pauvre face noire et boursouflée, un grand sourire de lumière et de bonheur.

A la nuit tombée, Garin le Jeune et le boucher furent longuement équipés par Maître Pancrace :

il leur fit mettre trois chemises à chacun, puis des blouses qui tombaient jusqu'aux pieds, ajouta des gants de toile et des cagoules qui descendaient jusque sur leur poitrine, enfin, ils furent longuement arrosés de vinaigre des Quatre Voleurs. Ils prirent alors deux crocs de bûcheron, qui servent à tirer les troncs d'arbres, et sortirent.

Le cheval, toujours attelé à la jardinière funèbre, était allé s'appuyer au tronc d'un platane, et il dormait debout sans le moindre souci.

Ils le ramenèrent devant la porte de Pancrace, et au moyen de leurs crocs ils firent tomber les cinq cadavres qu'ils arrangèrent artistement autour du drapier mort, dont le menton, maintenant, pendait horriblement sur un jabot de dentelle sanglant.

***

La vie des reclus s'organisa avec une rigueur presque militaire. Les glas, qui avaient remplacé l'Angelus, les réveillaient au premier soleil, et la journée commençait par l'examen de tous les membres de la colonie, qui défilaient devant le médecin, installé sous le grand figuier du notaire. La fièvre la plus légère était suspecte, le moindre bobo paraissait promesse de bubon. On isolait aussitôt le malade dans une cave repeinte à neuf, et on le baignait de vinaigre comme un cornichon : il n'en sortait qu'au bout de trois jours.

Après la visite les femmes faisaient le ménage, sans le moindre bruit.

Les jeunes filles s'occupaient des petits enfants qui jouaient dans les jardins, et le notaire, assis sous le figuier, faisait à mi-voix la classe aux plus grands, secondé par le capitaine, qui leur enseignait la géographie. Pendant ce temps, Garin le Jeune, pour occuper son temps, dessinait un mousquet d'un nouveau modèle, le boucher mettait des viandes à mariner (pour les conserver), l'épicier sciait ses courges de bois, et le boulanger pétrissait la pâte. Il n'allumait son four qu'après minuit, tous les trois ou quatre jours, car il fallait attendre que le vent soufflât, pour disperser la fumée qui aurait pu les trahir.

Ceux qui n'avaient rien à faire s'occupaient du jardinage — mais il fallait tirer l'eau des puits directement, je veux dire sans passer par les poulies, qui grinçaient, comme c'est l'habitude des poulies de puits. Les pois chiches sortirent bientôt, puis les lentilles, puis les haricots, et Maître Pancrace se frottait les mains joyeusement.

A midi, tous mangeaient ensemble dans la grande écurie du docteur, dont on avait fait une salle commune.

Puis, après la sieste — qui durait jusqu'à cinq heures — les femmes cousaient et tricotaient, les hommes jouaient aux cartes, aux dames polonaises, aux échecs et les bonnes vieilles racontaient des histoires aux enfants.

Cependant, dans le grenier de la maison de Pancrace, qui était la plus haute — il y avait toujours un homme qui veillait à l'œil-de-bœuf, pour avoir des nouvelles du port et de la ville. On le remplaçait toutes les deux heures, et il venait faire son rapport au docteur.

Au commencement, le guetteur voyait passer des convois de charrettes, il voyait courir des passants ou défiler en rangs des équipes, que le capitaine, avec sa longue-vue, reconnut pour des forçats, dont on avait rompu les fers. Tous portaient sur l'épaule une longue perche, terminée par un croc de fer.

Aucun bateau n'entrait plus au port, mais on en vit partir un grand nombre. Puis, les cortèges funèbres se firent plus rares, et les rues parurent désertes. Personne ne passait plus sur la petite place : il y eut cependant deux ou trois alertes...

On voyait s'avancer, à pas légers, des rôdeurs faméliques, armés de piques, et parfois le pistolet au poing, en quête de nourriture ou de pillage... Ils venaient jusqu'à la grande façade, puis s'arrêtaient soudain, horrifiés, et s'enfuyaient à toutes jambes : le bon drapier, noir comme un nègre, le visage tout grimaçant de vers, au centre de sa famille momifiée, veillait fidèlement sur la communauté.

Cette vie dura près d'un mois — mais, quoiqu'ils fussent en sécurité, le caractère des reclus s'assombrissait chaque jour. Le son lugubre des glas, qui ne s'arrêtaient qu'au coucher du soleil, les assiégeait, et l'obligation de parler à voix basse leur donnait un sentiment de culpabilité. Les enfants, privés de bruit, perdaient l'appétit, et les mères se lamentaient. Les vieux, qui craignent tant la mort, furent les premiers à déraisonner.

Mamette Pigeon, qui avait plus de quatre-vingts

ans, disparut un jour ; on la retrouva cachée sous un lit, et elle refusa de sortir de cet abri. Comme on essayait de l'en tirer, elle poussa des cris si terribles qu'il fallut y renoncer, et sa fille dut lui porter deux fois par jour sa nourriture dans sa ridicule cachette, où elle vécut à plat ventre dans ses excréments.

Le papet de Romuald, qui pourtant avait toujours eu beaucoup de sens, se mit un jour à marcher à quatre pattes, en aboyant de temps à autre ; il expliqua à Maître Pancrace que la peste ne frappait jamais les animaux, et que tout le monde n'avait qu'à faire comme lui. Pancrace, qui le jugea incurable, l'approuva hautement, mais lui demanda d'aboyer moins fort, ce qu'il accepta de bonne grâce.

D'autre part, l'ennui et la peur commencèrent bientôt à dérégler les mœurs de ces bonnes gens, et il y eut un grand nombre d'adultères, dont personne d'ailleurs ne sembla se soucier beaucoup, sauf le boucher Romuald, qui enrageait d'être cocu, mais que Pancrace consola par des considérations philosophiques d'une si grande beauté que le boucher, ayant fait cadeau de sa femme au boulanger, se mit en ménage avec la petite servante de l'épicier. Elle en fut bien aise, car elle craignait, depuis le début de la contagion, de mourir pucelle... Ces mœurs attristèrent le vertueux notaire, et d'autant plus cruellement qu'il en fut victime lui-même, car il se surprit un beau soir en pleine fornication avec la femme du poissonnier, qui n'était ni jeune ni belle, mais captive et entreprenante.

Maître Pancrace le consola, en lui expliquant que

la crainte de la mort exaltait toujours le sens génésique, comme si un être qui se croit perdu faisait un grand effort pour la reproduction de sa personne, afin de triompher de la mort...

***

Le soir du quarantième jour, tandis que tout le monde prenait le frais dans les jardins avant le dîner, on entendit soudain une galopade dégringolante dans l'escalier, et le guetteur parut sur la porte, le visage illuminé. C'était le fils Bignon.

— Victoire ! s'écria-t-il. La peste est finie !

Tous se levèrent d'un seul coup.

— Qu'en sais-tu ? dit Maître Pancrace.

— Ils font des feux de joie ! dit le fils Bignon... Le plus grand est sur le Vieux-Port, et on voit autour des ombres qui dansent !

Plusieurs femmes se mirent à danser, en poussant des cris de joie.

— Paix ! dit Pancrace — et attendez un peu avant de vous réjouir. Il faut d'abord aller voir ça !

Il s'élança vers l'escalier, où le capitaine l'avait déjà précédé.

Comme il n'était déjà plus dans le grenier, et que la vitre du toit était ouverte en haut de l'échelle, il grimpa lestement, jusqu'à ce que sa tête dépassât du toit, à côté des bottes du capitaine.

Il vit, sur la grande tache noire de la ville, des points qui rougeoyaient dans la nuit comme des braises. Plus près, sur le Vieux-Port, un bouquet de flammes dansait.

Le capitaine avait allongé sa lunette, qu'il régla plusieurs fois... Maître Pancrace frappa sur sa botte :

— Que voyez-vous ?

— Je vois un grand feu, dit le capitaine. Et devant ce feu, je vois des ombres, qui lancent d'autres ombres dans les flammes.

— J'en étais sûr, dit Pancrace, ce sont des bûchers... on brûle les cadavres, parce qu'on n'a plus le temps de les enterrer...

Ils redescendirent, pensifs, l'escalier où presque tous les hommes les attendaient sur les marches.

Le lendemain, au petit jour, on entendit frapper à la porte de dame Nicole. D'abord discrètement, puis avec force, puis brutalement... Beaucoup sautèrent de leur lit et coururent aux fenêtres fermées, sans oser pourtant les ouvrir : ils essayaient de voir par les fentes. Cependant, une voix criait :

— Ouvrez-moi ! C'est moi, c'est Norbert !

On reconnut alors la voix du clerc que l'on croyait mort.

Mais un grand silence lui répondit.

Alors il se mit à hurler :

— Je sais que vous êtes cachés derrière les volets ! Ouvrez ou j'enfonce la porte !

Maître Pancrace entrebâilla une fenêtre, tout juste au-dessus de ce forcené.

— Pour l'amour de Dieu, lui dit-il, ne criez pas comme ça et ne faites pas tant de bruit !

— Pour l'amour de Dieu, dit le clerc, laissez-moi prendre mes affaires ou lancez-les-moi par la fenêtre ! Je quitte la ville, et je vous conseille d'en faire autant : d'ici trois jours ils vont venir brûler tout le quartier !

— Que dites-vous ? s'écria Pancrace, qui devint blanc comme un navet.

— Ouvrez-moi et je vous dirai tout, répondit le clerc — et je vous sauverai peut-être la vie...

— Vous êtes donc venu dans une bonne intention, dit Pancrace. Mais vous nous apportez certainement la peste !

— La peste, je l'ai eue, et par un miracle je m'en suis tiré. Vous savez bien qu'on ne peut pas l'avoir deux fois !

— S'il en est ainsi, vous ne l'aurez plus : mais vos vêtements sont sans aucun doute imbibés d'insectes extrêmement subtils, qui apporteront le venin à tous vos amis.

— C'est sans doute vrai, dit le clerc, parce que depuis deux mois, sous prétexte que je ne risque plus rien, ils m'ont obligé à ramasser des centaines de cadavres qui pourrissaient sur les trottoirs. Alors, que faut-il que je fasse ?

— Premièrement, dit le docteur, vous allez vous mettre tout nu et vous jetterez toutes vos hardes par-dessus le parapet. Ensuite, je vais vous passer du savon, et vous vous laverez du haut en bas et surtout les cheveux. Ensuite, je vais vous faire descendre un gros flacon de vinaigre, et vous en frotterez votre corps pendant une heure, et vous en baignerez vos ongles des pieds et des mains... Enfin, je vous lancerai un paquet de hardes saines, et vous pourrez entrer ici sans le moindre danger.

— Soit, dit le clerc.

Et il commença à se déshabiller.

Pendant toute l'opération, qui dura près d'une heure, il y eut beaucoup de dames et de demoiselles derrière les volets fermés, car il était assez joli garçon et la peste, en l'amincissant, avait confirmé son élégance naturelle.

Sur la place déserte, près de la fontaine, il récura tout son corps avec une grande application. Quand il fut prêt, Pancrace alla lui ouvrir une porte en pressant contre son propre nez un tampon de linge imbibé de vinaigre, et le conduisit jusqu'à son cabinet.

Leur conversation dura plus d'une heure. Les hommes attendaient dans les jardins, sans dire un mot. Ils se promenaient, la tête basse, les mains dans les poches. Les femmes parlaient à mi-voix, par petits groupes, dans les coins. D'autres étaient rangées autour de la vieille Aliette, qui essayait d'écouter à la porte du docteur. Elle n'entendit rien de compréhensible — mais quand Pancrace ouvrit la porte, elle tomba entre ses jambes. Et comme il dit : « La peste soit de la curieuse », elle s'enfuit épouvantée, en oubliant de respirer.

En silence, les deux hommes allèrent jusqu'au milieu du grand jardin, et le clerc monta sur le couvercle du puits.

Tout le monde vint se ranger en demi-cercle autour de lui, tandis que Pancrace et le notaire s'étaient assis sur la margelle. Alors, il parla.

— Mes amis, dit-il, j'ai le grand chagrin de vous dire que c'est Maître Pancrace qui avait raison, et que cette ville est perdue. Grâce à la lorgnette du capitaine, je sais que vous en avez une idée. Mais cette idée est bien petite, et presque charmante à côté de la réalité. La réalité, c'est qu'on jette les cadavres par les fenêtres, et que les trottoirs en sont encombrés. Tous les gens qui pouvaient le faire sont partis pour les terroirs des environs, mais il reste encore une grande quantité de peuple, qui diminue chaque jour d'au moins un vingtième. On n'enterre plus les morts, on les brûle, mais on n'arrive pas à les brûler tous, malgré l'aide de plus de cent galériens, qu'il faut renouveler presque entièrement chaque semaine, parce que leur condamnation ne les a pas mis à l'abri de cette effroyable contagion.

« Ici, vous êtes peut-être en sûreté, mais vous n'y serez pas longtemps.

— Pourquoi? demanda brusquement le notaire.

— Parce que les édiles ont décidé de brûler les maisons des pestiférés et même des quartiers entiers... Avant-hier ils ont brûlé la Tourette. Hier, plus de trente maisons à la place de Lenche, et j'ai entendu dire qu'aujourd'hui ils attaqueraient la Plaine Saint-Michel, où la contagion a fait des ravages terribles !

— C'est à deux pas d'ici ! dit le capitaine.

— Eh oui, dit le clerc. Et de plus, j'ai entendu parler de notre placette. D'après un rapport de police, on vous croit tous morts, et je pense que dans deux ou trois jours, vous verrez arriver les fagots et les torches.

— Alors, dit le notaire, nous nous montrerons, et ils ne brûleront rien du tout.

— C'est exact, dit le clerc. Ils n'auront pas la cruauté de brûler des gens en bonne santé. Mais d'abord, on vous volera toutes vos provisions car la disette arrive tout près de la famine, et les autorités confisquent toutes les réserves. Ensuite, on obligera les hommes à travailler avec les forçats, pour enterrer des milliers de cadavres pourris. Vous aurez un croc, une cagoule, des gants, et pour vous réconforter, on vous appellera « corbeaux » : il est vrai qu'au bout de huit jours vous n'aurez plus aucun souci, car vous aurez vous-mêmes fondu en pustules et bubons, et les chiens errants se disputeront vos restes : voilà le sort qui vous attend si vous avez la sottise de rester ici.

Il n'avait pas fini de parler que les femmes pleuraient déjà, en serrant les enfants dans leurs bras ; les hommes restaient immobiles, aussi impuissants que des pierres, et les vieux se regardaient entre eux d'un air stupide.

Ce fut le capitaine qui parla le premier.

— Ce jeune homme a raison, dit-il. Il n'y a qu'à foutre le camp.

— C'est ce que nous aurions dû faire dès le premier jour, dit le notaire... J'aurais pu me retirer dans ma petite maison d'Aix...

— La peste y est déjà, dit le clerc. Il a fallu fermer les écoles, les tribunaux, et les églises...

— Alors, dit le capitaine, il n'y a qu'un moyen : trouver un bateau et partir pour la Corse.

— Mon cher capitaine, dit Pancrace, ce serait la solution idéale. Mais où voulez-vous trouver un bateau ?

Le capitaine fit un geste vague, secoua la tête et se tut. Garin le Jeune, le boulanger, le boucher firent tour à tour des propositions déraisonnables, comme il arrive dans les cas désespérés...

Maître Pancrace, qui ne perdait jamais son sang-froid, réfléchissait.

— Le plus simple, dit-il, est de partir vers les collines. Nous irons d'abord au village d'Allauch, où j'ai un parent... Si le fléau est déjà parvenu jusque-là, nous pousserons encore plus loin... J'ai peur, en vérité, que les villages ne soient déjà contaminés... Il nous restera les collines. Nous trouverons peut-être un abri dans quelque grotte, au flanc d'un ravin solitaire, où nul ne viendra nous chercher.

— Mais que mangerons-nous ? dit le clerc.

— Nous avons encore d'importantes réserves. De plus, il nous reste quatre chevaux et deux mules...

— Ces bêtes sont bien maigres, dit le boucher.

— Il ne s'agit pas encore de les manger, mais de les atteler à nos charrettes et voitures, pour transporter nos provisions. Nous allons leur donner tout le foin qui nous reste, et notre dernier sac d'avoine. Dans la journée, nous préparerons notre chargement, et vers la minuit, nous partirons.

— Comme vous y allez ! dit le clerc. Vous croyez qu'on peut s'en aller comme ça ? D'abord, quand on verra passer vos charrettes chargées, vous serez immédiatement attaqués par des bandes armées qui parcourent la ville à la recherche de n'importe quelles nourritures, et qui pillent les caves des maisons pestiférées.

— A minuit ? dit le notaire.

— Surtout la nuit, dit le clerc.

— Nous avons vingt-trois fusils, dit Maître Garin; trente pistolets et plus de cent livres de poudre.

— Au premier coup de fusil, d'autres bandes de pillards accourront en renfort. Et d'autre part, il y a des gardes à chaque sortie de la ville, afin que la contagion ne se répande pas dans tout le pays...

— Mais alors, que faire ? s'écria l'épicier, que la peur rendait hagard.

— Sortir les uns après les autres, dit le clerc, en emportant quelques nourritures bien cachées sous nos habits — et filer chacun pour soi.

— Et les femmes ? dit Pancrace.

— Et les enfants ? dit violemment Maître Passacaille. Vous voulez abandonner les enfants ?

Les femmes murmuraient.

Le clerc ouvrit ses bras, ferma les yeux, haussa les épaules, mais ne dit rien d'autre.

Il y eut un très long silence, que Maître Pancrace rompit, pour dire :

— Venez dans mon cabinet.

Il entraîna le notaire, le clerc, l'armurier et le capitaine.

*
* *

Dès qu'ils furent partis, les femmes commencèrent à dire que ce clerc avait toujours voulu faire l'intéressant, qu'il n'avait sûrement pas eu la peste, et qu'il venait sans doute de passer deux mois chez quelque vieille maîtresse qui avait fini par le mettre à la porte. On l'accusait d'avoir toujours fait des farces, et d'avoir un mauvais fond. En conclusion, plusieurs déclarèrent qu'il n'y avait aucune raison de fuir, et que le plus sage était d'attendre, comme on avait fait jusque-là.

Les hommes commençaient à être de leur avis, lorsque Pampette, le poissonnier, qui était de garde sous le toit, parut sur une porte.

— Il y a, dit-il, un grand incendie dans le quartier de la Plaine Saint-Michel...

Tous frémirent, car le clerc l'avait annoncé. Les femmes recommencèrent à pleurer, et les hommes s'avançaient vers la porte de Maître Pancrace, lorsque celui-ci parut sur la marche.

Pampette lui fit son rapport.

— Notre ami, dit Pancrace, nous l'avait annoncé — et le sort qui nous est réservé n'est plus douteux : mais rien n'est perdu. Écoutez-moi bien, et obéissez-moi sans discussion, en toute confiance... Nous allons commencer tout de suite à charger nos voitures, et nous tendrons des bâches sur nos provisions. Sur ces bâches, des hommes, des femmes et des enfants s'étendront, à demi nus, pour représenter des cadavres pestiférés : je me charge de leur donner une apparence épouvantable. D'autres, sous des cagoules, porteront des torches, et chanteront les psaumes du *Miserere*, tout en secouant les clochettes de la mort. Je suis sûr que notre cortège, au lieu d'attirer les pillards, va les mettre en fuite. En ce qui concerne les soldats qui veillent aux barrières, je ne les crains pas, et je vous promets que nous passerons sans aucune difficulté, si chacun joue le rôle que je lui donnerai.

« Préparez tout de suite le chargement des voitures — et surtout que les femmes n'essaient pas de nous encombrer avec des meubles de famille ou des souvenirs d'enfance, ou d'inutiles babioles qu'elles tiennent, presque toujours, pour l'essentiel : je vérifierai les chargements, et je n'accepterai rien que d'indispensable. Allez !

***

Les préparatifs du départ durèrent toute la journée. On graissa les roues, on soigna les bêtes, on entassa, sur les charrettes, les sacs de nourriture, les tonneaux de vin, les fusils, la poudre, le plomb et les étoffes. Puis Maître Pancrace fit forcer les caves du pauvre drapier.

— A cette heure, dit-il, il n'a plus besoin de sa marchandise, tandis qu'elle nous sera d'un grand secours.

Il installa ensuite, dans sa propre salle à manger, un grand atelier de couture, avec une quinzaine de femmes, choisies parmi les plus habiles : elles commencèrent par confectionner une bonne vingtaine de cagoules noires, puis de longues blouses, puis des moufles, c'est-à-dire des gants qui n'avaient que le pouce. Enfin, penchées sur une gravure que leur donna Maître Pancrace, elles entreprirent, sous la direction du notaire, la confection de quatre uniformes de militaires, ou plutôt de quelque chose qui y ressemblait, sur les mesures de Garin le Jeune, de Bignon, de Pampette et du boulanger, et la soutane du clerc.

Cependant, Pancrace, qui avait disparu, revint au bout d'une heure : mais son entrée dans l'atelier fit pousser des cris aux femmes, et Maître Passacaille lui-même en fut stupéfait.

En effet, le personnage qui parut était vêtu d'un grand uniforme d'officier. Son justaucorps bleu d'azur, sa culotte de peau blanche, ses bottes de cuir rouge à l'éperon d'argent, son épée à la garde d'or ciselé, son manteau blanc doublé de drap d'or et garni de vair formaient un ensemble d'un si grand luxe que les couturières, qui s'étaient levées, n'osaient plus s'asseoir.

— Est-ce bien vous? demanda le notaire.

— Hélas non, dit Maître Pancrace : mais c'est pourtant le personnage que je fus.

— C'est là un uniforme de capitaine des gardes du Roy !

— Oui, dit Maître Pancrace, mais il y a une petite différence : le col de mon justaucorps est de velours jaune, ce qui indique que j'étais le chirurgien en chef de cette illustre Compagnie, avec le grade de capitaine...

Il y eut un murmure d'admiration, et le docteur ajouta, à voix basse :

— J'ai même eu l'honneur, pendant la campagne de Hollande (il ôta son chapeau à plumes) de soigner l'auguste santé de Sa Majesté le Roy.

Une petite larme perla au coin de son œil, et le notaire se découvrit à son tour.

— Sa Majesté, dit le docteur avec émotion, était incommodée par des vents continuels, et dont la violence effrayait son cheval : je réussis à les dompter, et depuis ce jour-là, je restai attaché à son Auguste Personne jusqu'au triste jour de sa mort.

Après un silence, Pancrace changea de ton, et dit brusquement :

— Reprenez vos ouvrages, je vous prie, et occupez-vous de la vareuse du capitaine, qu'il faut honorer de deux galons d'argent...

Après un déjeuner rapide, les travaux furent repris en grande hâte, car on voyait dans le ciel, à peu de distance, d'énormes volutes de fumée, et des cendres légères commençaient à blanchir l'herbe des jardins. Il n'y avait encore aucun danger véritable, mais l'odeur de l'incendie prouvait l'urgence de la fuite.

Cependant, Pancrace et Maître Passacaille s'étaient retirés dans l'étude du notaire, où ils faisaient d'ordinaire leur partie d'échecs.

Mais ce jour-là, ils ne touchèrent pas aux tours d'ivoire que portaient de petits éléphants.

Maître Passacaille commença par tailler, avec beaucoup de soin, deux plumes d'oie ; puis il ajouta une pincée de suie raffinée à son encre. Enfin, il arracha d'un registre une belle page de papier notarial, et se mit à recopier, de sa belle écriture moulée, quelques lignes dont Pancrace avait composé le modèle : c'était un laissez-passer en bonne forme, pour le commandant de la barrière de la Rose.

Il en sécha l'encre avec une pincée de poudre d'or, qu'il fit rouler d'un bout à l'autre de la feuille.

Enfin, prenant dans l'un de ses cartons un acte de vente que l'échevin Moustier était venu signer dans son étude, il en copia la signature avec une aisance si grande et une exactitude si parfaite que Pancrace s'écria :

— Quelle merveille ! C'est à croire que vous avez fait ça tous les jours de votre vie.

— Non, dit modestement le notaire. Pas tous les jours, mais chaque emploi a ses nécessités...

Il exécutait fort bien celles du sien, car il sortit bientôt un sceau de plomb, aux armes de la Ville de Marseille, et l'imprima bellement au bas de la page, sur une pastille rouge de cire chaude d'où sortait un ruban bleu.

Alors, il contempla son ouvrage, se frotta vivement les mains, et déclara :

— Celui-ci est particulièrement réussi, et Monsieur l'échevin Moustier lui-même n'oserait pas jurer que c'est un faux...

Il roula le précieux papier, le lia d'un ruban bleu plus large que le premier, et le remit à Pancrace.

— Maintenant, dit celui-ci, nous allons certainement prendre plaisir à la fabrication de faux pestiférés.

Ils descendirent dans son cabinet : là, le clerc et l'épicier avaient préparé, sur son ordre, toutes sortes d'ingrédients dans une bonne douzaine d'assiettes. Il y avait du bouchon brûlé, de la colle, de la confiture, du miel, de la cire, de la poudre de safran, du plâtre, de la suie, de l'étoupe, et toutes sortes de pâtes colorées.

Avec ces ingrédients, Maître Pancrace arrangea artistement une quarantaine de visages et de corps et prouva que s'il ne savait pas guérir les bubons il savait du moins en faire d'admirables. Ce fut si bien réussi que ces malheureux se faisaient peur entre eux, et que quand les deux premiers reparurent dans les jardins, plusieurs femmes s'évanouirent, tandis que Papet, toujours à quatre pattes, aboyait plaintivement.

Quand les pestiférés furent prêts, on s'occupa des pénitents : ils revêtirent la blouse, la cagoule, et les gants, puis on leur distribua des clochettes, arrachées aux portes d'entrée. Enfin, on alluma, pendant quelques minutes, les torches résineuses empruntées aux pins des jardins.

La nuit tombait, rougeoyante, vers la Plaine Saint-Michel, et les fugitifs firent leur dernier repas en silence, dans la grande écurie bien fermée, à cause de l'âcreté de la fumée qui descendait, plus épaisse, sur les jardins.

Les faux pestiférés n'étaient pas trop à leur aise, car leurs enduits séchés leur tiraient la peau du visage — et à cause du mouvement de leurs mâchoires des bubons tombaient à chaque instant dans la soupe.

Le repas fut très court. Beaucoup de femmes pleuraient à l'idée de quitter leur maison et leurs meubles : elles auraient voulu tout emporter, et le docteur, en contrôlant le chargement des véhicules, avait fait rejeter un chat, deux grands portraits de vieillards et cinq poupées d'une vieille bigote qui n'avait jamais eu d'enfants. Comme elle se lamentait à voix haute, quelques paroles d'amitié et une claque sur le museau consolèrent la sanglotante.

Après le dîner, on entendit ronfler l'incendie, qui était pourtant encore assez loin. Maître Pancrace, avec un calme parfait, compléta la mise en scène. Les charrettes furent alignées en face de la porte charretière, et les pestiférés prirent place sur les bâches. Pancrace, bravant la pudeur, en voulut quelques-uns absolument nus ; puis il disposa quelques jambes pendantes, convenablement noircies, deux ou trois bras ensanglantés de grumeleuses confitures, qui retombaient au bord des ridelles, et il déforma quelques visages, bossués par des croûtons placés entre la joue et la gencive ; et au sommet de chaque bosse, il traça un gros point rouge cerné de noir. Enfin, dans plusieurs narines, il enfonça de la pulpe d'olives noires, qui semblait en avoir coulé.

On trempa les cagoules dans un vinaigre, on alluma les torches, on ouvrit sans bruit les battants de la porte.

Alors, Pancrace, dans son bel uniforme, monta dans sa petite voiture, dont le vieux Guillou tenait les rênes — et il prit la tête du cortège, qui se mit en marche sans bruit.

A deux pas derrière lui, le capitaine galonné, sa longue-vue en bandoulière. Puis, quatre soldats, le mousquet sur l'épaule. Enfin, un prêtre — qui n'était autre que le clerc — s'avançait, un livre ouvert à la main, précédant les charrettes, qui roulaient lentement entre deux haies de pénitents, qui portaient les torches allumées.

Comme on ne voyait personne, la procession s'avança d'abord en silence, et descendit jusqu'au boulevard qui était la route de la liberté — mais au moment d'y pénétrer, Maître Pancrace se retourna, et leva le bras. Les clochettes tintèrent lugubrement, et la psalmodie monta sourdement des cagoules...

***

Le clerc n'avait pas menti. La ville paraissait abandonnée, et les quinquets qui d'ordinaire éclairaient les rues n'avaient pas été allumés. Mais à la lueur de leurs torches, ils distinguèrent bientôt quelques cadavres étendus sur le trottoir, dans le ruisseau ou recroquevillés sous les porches, dans des postures étranges... Ils virent aussi des pillards :

mais au passage du cortège, leurs silhouettes entrevues disparaissaient en courant dans la nuit.

Ils marchèrent ainsi plus d'une heure, dans la longue rue bordée de platanes, dont les pavés inégaux faisaient tressauter les charrettes.

Comme tous fuyaient à leur approche, et que la ville semblait déserte, leur inquiétude première s'était transformée en un sentiment de sécurité, et les faux pestiférés, sur les charrettes, commencèrent à échanger des plaisanteries à voix basse, et à pinçoter les plus jeunes pestiférées, qui n'étouffaient qu'à grand-peine des éclats de rire charmants. En arrivant à Château-Gombert, où Pancrace pensait qu'on allait trouver le poste de garde, il envoya le capitaine pour rétablir l'ordre dans le convoi, et réduire les morts au silence.

Bien lui en prit, car il vit, au détour de la route, quatre lanternes allumées, tandis que brillait le fenestron d'un petit bâtiment de planches.

Deux soldats s'avancèrent, le fusil à la main.

— Halte !

Pancrace s'arrêta, et se tournant vers le convoi, il cria à son tour :

— Halte !

Puis, s'avançant vers les soldats, il demanda brusquement :

— Où est votre officier ?

— Il dort, dit le soldat. Et nous n'avons pas besoin de lui pour vous interdire le passage. Personne ne doit sortir, sous peine de mort.

— Il dort ! cria Pancrace avec une grande indignation. Quand toute une ville agonise, quand la contagion menace la France entière, il dort?

Les soldats, surpris, n'osèrent répondre, mais l'un d'eux, levant sa lanterne, fit deux pas vers le docteur. Il découvrit alors les détails du rutilant uniforme, que la nuit embellissait ; se tournant vers les deux autres, il cria :

— Présentez armes !

Ce qu'ils firent aussitôt.

— S'il dort, s'écria Pancrace, nous allons le réveiller ! Conduisez-moi près de lui.

Mais ils n'eurent pas besoin d'entrer dans la cabane, car le dormeur, éveillé par les commandements, venait vers eux, tout en remettant en hâte sa tunique : un autre lanternier était venu à ses côtés.

Dès qu'il vit Pancrace, il s'immobilisa selon le règlement. Comme il ne portait qu'un galon, le docteur lui parla de très haut.

— Lieutenant, dit-il, je suis fâché de constater qu'un homme qui a de si grandes responsabilités se réfugie dans le sommeil !

— Monsieur l'officier, répondit l'autre, assez embarrassé, je suis de garde ici depuis quatre jours, et la résistance humaine a des limites. D'autre part, quand par hasard je cligne un œil, l'enseigne que voici me remplace.

Et il montrait une silhouette qui s'avançait dans l'ombre.

— Enseigne, dit sévèrement Pancrace, où étiez-vous donc?

— Monsieur l'officier, répondit l'enseigne, la nature

a non seulement des limites, mais elle a aussi des besoins.

Alors, Pancrace esquissa un sourire, et dit :

— Bien répondu.

Puis, sur un ton dégagé, il dit :

— Messieurs, venez avec moi, car il n'est pas nécessaire que vos hommes entendent ce que j'ai à vous dire.

Sur quoi, il se dirigea d'un pas décidé vers la baraque dont il referma la porte avec soin. Une chandelle brûlait sur la table de bois blanc, près d'un grabat.

— Messieurs, dit-il, la mission dont je suis chargé doit rester secrète, afin de ne pas affoler la population. La peste qui dévaste Marseille n'est encore que la forme la moins dangereuse de cette maladie : mais les chirurgiens viennent de constater une centaine de cas de peste NOIRE. Si cette forme du fléau se propage, c'en est fait de notre ville, et peut-être de notre pays. Je suis chargé, avec les galériens qui m'accompagnent sous ces cagoules, d'aller ensevelir ces terribles cadavres en les jetant dans l'ancienne mine de charbon qui se trouve près d'Allauch.

— Pourquoi ne les a-t-on pas brûlés? demanda l'enseigne.

— Parce que, selon les chirurgiens, les vapeurs qui s'en dégageraient, avant qu'ils ne fussent réduits en cendres, suffiraient à contaminer toute la ville.

Il sortit alors de son justaucorps un rouleau de papiers qu'il déplia soigneusement sur la table.

— Voici les ordres, dit-il. Je vous les laisse, car

ils vous sont adressés par le commandant, dont l'autorité fait merveille, et qui est d'ailleurs mon vieil ami.

La chandelle éclaira les cachets, les sceaux, les signatures, et la belle écriture notariale de Maître Passacaille.

Pendant que les deux officiers regardaient avec respect le laissez-passer, Maître Pancrace ajouta :

— Je ne crains qu'une chose : c'est que mon cher Andrault Langeron, notre bailli, qui se dévoue jusque dans les hôpitaux, ne succombe lui-même à la contagion. Ce serait une grande perte pour notre ville, et pour le royaume.

Il sortit, et le lieutenant fit en grande hâte ouvrir la barrière. Puis il cria à ses hommes :

— Éloignez-vous de ces chariots, si vous faites cas de votre vie.

Le cortège se mit en marche, sous les yeux des deux officiers.

— Je me permettrai de regretter, dit le lieutenant, qu'un officier de votre rang soit exposé à un si grand risque.

— C'est bien aimable à vous, dit Pancrace. Mais en de pareilles circonstances, le risque doit être égal pour tous.

Il leur offrit une prise de tabac, et remonta dans sa voiture, tandis que six soldats lui présentaient les armes, et que les officiers qui avaient tiré leurs épées lui rendaient les honneurs.

Alors, il remonta dans sa voiture, salua largement les officiers, et le cortège se remit en marche dans la nuit, tandis que les gardes de la barrière, effrayés par la peste noire, couraient au tonneau de vinaigre.

Dès qu'ils furent hors de la vue des soldats, Pancrace fit taire les clochettes et les psaumes, puis fit éteindre les torches. Sur la route déserte, la lueur des étoiles les éclairait assez. Enfin, il donna l'ordre de hâter le pas, par crainte d'une poursuite, au cas où les officiers en viendraient à concevoir des doutes sur la valeur du laissez-passer.

Ils marchèrent ainsi pendant deux heures, et l'aube enfin se leva sur la réussite de l'expédition.

A droite de la route s'étendait une grande forêt de pins mêlés d'yeuses ; lorsqu'un chemin de bûcherons se présenta, Pancrace y fit entrer son cheval, et tout le cortège suivit sous le couvert.

Ils atteignirent bientôt une grande clairière, couverte d'une herbe drue, et toute fleurie de coquelicots.

Pancrace arrêta son cheval, mit pied à terre et cria « Halte ! »

Alors, les pénitents ôtèrent leurs gants et leurs cagoules, tandis que les pestiférés bondissaient sur la route et que les femmes soulevaient les bâches. Tous riaient de joie, comme des enfants, et ils se lançaient leurs bubons, tandis que les chevaux broutaient avidement malgré leur mors.

On entendit soudain un appel : c'était le petit mercier, qui s'était enfoncé sous le bois ; il avait trouvé une mare, et tous coururent s'y laver.

Assis sur une grosse pierre, Maître Pancrace avait

tendu ses bottes à Guillou, qui le déchaussa et frictionna ses orteils meurtris. Cependant la vieille Aliette préparait pour son maître ses vêtements habituels.

Auprès de lui, le notaire et Garin s'étaient assis dans l'herbe.

— Mes amis, dit Pancrace, nous avons réussi la première moitié de notre affaire. Cependant, ces gentils officiers risquent fort d'être détrompés par le premier inspecteur qui passera : c'est pourquoi je quitte ce costume trop aisément reconnaissable. Déshabillez aussitôt les soldats, et cachez dans un ballot ces costumes qui nous dénonceraient. Nous sommes maintenant à une demi-lieue d'Allauch ; regardez, à travers les arbres, cette batterie de moulins à vent qui couronne la colline... Son existence vous prouve que le mistral y souffle généreusement. Il fait ainsi la prospérité de ce bourg : il en fait aussi la salubrité. Je suis persuadé que la contagion n'y est pas venue, et qu'elle n'y viendra jamais. Nous allons donc demander asile à ses habitants.

— Je crains bien, dit le notaire, qu'ils ne refusent de nous accueillir.

— Si nous leur proposons de faire une quarantaine dans la forêt, dit le capitaine, ils n'auront plus de raison de nous craindre.

— D'ailleurs, dit Pancrace, j'ai là-haut un grand ami, qui est meunier. Il s'appelle Léonard Gondran, et c'est mon frère de lait. Ce doit être un homme assez important dans son village, et je suis sûr qu'il parlera pour nous.

Les pestiférés revenaient de la mare, tout propres et guillerets, et ils réclamaient quelque chose à manger. Ils avaient tous grand appétit. Le petit mercier se mit à jouer de la flûte, et pour dégourdir leurs jambes ankylosées, les pestiférés mangèrent en dansant dans les coquelicots.

Les femmes avaient fait bouillir des pommes de terre, on avait ouvert un petit baril d'anchois, un estagnon d'huile, et deux grands bocaux de confitures, qu'ils étalèrent sur du biscuit de mer. Ils mangèrent de grand appétit, tandis que le soleil soulevait doucement les nuages qui s'appuyaient sur l'horizon. Dès qu'il fut sorti, la troupe entière se leva. Le notaire, debout sur une grosse pierre, remercia solennellement le ciel, puis ils se remirent en marche, en bavardant comme des promeneurs du dimanche.

Cependant, dans cette campagne verte et fraîche, Pancrace se disait que malgré l'heure matinale on aurait dû voir quelques paysans à l'ouvrage, et qu'on aurait eu profit à les interroger. Mais ils ne virent personne, et le médecin commença à craindre que la peste ne fût installée dans les environs.

Il se trompait. Ce n'était pas la peste qui avait chassé les paysans :

C'était la peur.

Ils marchèrent plus d'une heure, et virent enfin, au bout d'une colline, une batterie de moulins à vent.

— Voilà Allauch ! dit le docteur. Nous sommes peut-être sauvés. Marchez en bon ordre, et souriez.

Au bout de quelques minutes, on distingua un

groupe d'hommes qui, du haut d'une éminence, regardaient venir les arrivants.

Le capitaine développa sa lorgnette, les visa un instant, et dit :

— Ils ont des fusils.

— A la vérité, je le craignais un peu, dit le docteur. Mais il s'agit de les rassurer. Si nous avançons en chantant, ils n'auront pas peur de nous.

Il entonna aussitôt un joyeux Noël de Provence, et toute la troupe donna de la voix, tandis que le clerc, marchant à reculons, battait la mesure.

Le groupe d'hommes ne bougeait pas — mais tout à coup, une voix forte retentit.

— Halte !

A vingt pas devant les chanteurs, un homme sortit de la haie. Le cortège s'était arrêté, et le docteur s'avança vers lui.

— Restez à dix pas, dit l'homme. Où allez-vous ?

— Nous allons à Allauch, dit Pancrace.

— Et d'où venez-vous ?

— Nous venons de la banlieue de Marseille, dit le docteur.

— Alors, dit l'homme, vous nous apportez la peste. Nous ne pouvons pas vous recevoir.

— Nous ne sommes pas contaminés, dit Pancrace. Nous étions dans un quartier parfaitement sain. Je suis médecin, et je puis vous dire...

— Tout ce que vous pourrez me dire n'a aucune importance. Tout ce qui vient de Marseille est pourri. On ne peut pas vous recevoir. Et n'essayez pas d'avancer. A partir de ce gros olivier, on vous tirera des coups de fusil.

Maître Garin fit un pas en avant, et dit :

— Nous aussi, nous avons des fusils.

— Je le vois bien, dit l'homme. Mais si nos guetteurs sonnent du clairon, vous verrez arriver cinq cents hommes, et on vous tuera jusqu'au dernier. Il n'y a rien à faire. C'est peut-être cruel, mais c'est la peste qui est cruelle ; nous avons un millier de femmes et d'enfants.

— Je vous comprends, dit le docteur. Mais nous pourrions camper dans l'un de ces champs, sous votre surveillance, et si au bout d'une semaine aucun de nous ne donne le moindre signe de maladie...

— Ce n'est pas possible, dit l'homme. Si nous vous laissons camper, dans quinze jours il y en aura des centaines, parce qu'il s'en présente à chaque instant... Vous n'avez qu'à faire demi-tour.

— Soit, dit le docteur. Mais avant de repartir je voudrais bien parler à mon frère de lait, qui s'appelle Léonard Gondran. Est-ce possible?

— Ah? Vous êtes le frère de lait de Gondran, celui des moulins?

— Oui, dit le docteur. Faites-lui dire, je vous prie, que le marquis de Malaussène a besoin de lui.

Le gardien ôta son bonnet, et dit :

— J'y vais tout de suite, Monsieur le marquis.

Et il s'éloigna au pas de course.

Tous furent bien surpris d'apprendre que le médecin était un noble, et d'une des plus vieilles familles de Provence.

— Comment ! dit le notaire. Vous êtes le marquis de Malaussène, qui fut longtemps le médecin du Roy ?

— Eh oui, dit Pancrace. J'ai eu le grand honneur de veiller sur l'auguste santé de Sa Majesté, notre bon roi Louis XIV, et j'ai eu le grand chagrin de l'assister dans sa dernière maladie. Sa mort me frappa si fortement que j'ai quitté la cour après ses funérailles, pour consacrer mon activité à la science.

Les faux pestiférés se serraient autour de lui, tout fiers d'avoir été soignés par le médecin du Grand Roi, et définitivement rassurés sur leur avenir.

Au bout d'une heure, on vit venir au loin deux mulets chargés de bâts, accompagnés par deux hommes : le guetteur ramenait Gondran, qui se mit à courir dès qu'il vit le marquis. C'était pourtant un vieillard d'une cinquantaine d'années, et ses cheveux étaient tout blancs. Mais il avait encore beaucoup de dents, et il semblait avoir gardé toute la force de sa jeunesse.

10

Les amours de Lagneau

Lagneau avait seize ans, et un calme angélique qui lui avait valu son surnom[1]. Il était gras et rond, avec des joues pâles et pendantes et un petit nez fort bien modelé, des yeux noirs, des cheveux noirs frisés. Ces détails sont indispensables pour comprendre la passion violente qu'il inspira à une charmante enfant, dite Inidos. C'était à Pâques et Lagneau se préparait à l'examen redouté du baccalauréat. Il était à côté de moi en étude et, entre deux conversations ou après une partie de cartes, que nous faisions sur le banc, il se jetait sur d'effarants problèmes et s'exerçait à faire varier des fonctions. Il se plaignait parfois de n'y rien comprendre et me disait tout bas qu'il était « un fainéant », qu'il « collerait », que son père le mettrait en apprentissage et qu'il regrettait infiniment le temps perdu. Cela ne l'empêchait point d'ailleurs d'en perdre

1. Dans les premières pages de ce manuscrit, qui date des années 1919-1920, le nom de Lagneau était orthographié « l'Agneau ». Nous avons rétabli l'orthographe des chapitres précédents pour la commodité de la lecture.

encore, le soir, de sept à huit, en allant se promener sur la Plaine, qui est, comme chacun le sait, la plus belle place de Marseille, vaste et plantée de superbes platanes.

Un matin, il arriva au lycée somptueusement vêtu d'un complet de coutil blanc ; sur la tête, un chapeau de paille à larges ailes, qu'il mettait fort en arrière, à la façon d'une auréole. Il m'informa tout bas que pour reconnaître la munificence de son père il voulait réussir au baccalauréat, et que pour commencer il prenait la ferme résolution de se mettre au travail à partir de la semaine suivante.

Je fis remarquer qu'il serait plus sage d'attaquer le programme tout de suite, mais il me démontra que cela était impossible, et pour une raison indiscutable : il avait déjà préparé un emploi de son temps.

Cet emploi du temps, partant du 26 mai, prévoyait pour chaque semaine une certaine tranche du programme de l'examen. Il arrivait ainsi à voir toutes les matières avant le 20 juin. Il lui restait dix jours avant le premier juillet pour faire la révision générale.

— Et tu sais, me disait-il, tout est calculé et dosé minutieusement. Si je commençais aujourd'hui, comme tu me le proposes, vois quelle faute irréparable je commettrais ! Quel désordre dans l'emploi du temps ! C'est alors que l'échec serait certain ! Quant à faire de la révision générale tout de suite, c'est impossible ; car on ne revoit que ce qu'on a vu ; et je n'ai rien vu.

C'était péremptoire, et je l'approuvai.

Comme il lui restait quatre jours avant de renoncer à tout plaisir, il décida sur-le-champ qu'il fallait en profiter au mieux possible. Il prit sa belle plume, et, d'une écriture tourmentée, il écrivit un billet sur un joli bristol dont il avait une provision dans ce but. Ce billet informait Monsieur le Censeur que la mère de Lagneau, gravement malade, avait absolument besoin, ce soir même, des services de son fils ; en conséquence, elle priait l'Administration d'autoriser son fils à quitter le lycée à quatre heures.

Lagneau, ayant mis ce billet dans son portefeuille, entama avec moi une partie d'écarté qui ne fut interrompue que pour la récréation de dix heures, et qui se poursuivit en étude jusqu'à midi.

Monsieur le Censeur recevait dans son cabinet à partir de une heure. Lagneau me quitta donc vers une heure moins cinq et, d'une main qui ne tremblait pas, alla lui présenter son œuvre. Plût au ciel que cet homme eût deviné la supercherie ! Il en eût été quitte pour une bonne consigne... tandis que... Mais vous verrez la suite.

A quatre heures, il sortit, après avoir fait reluire ses souliers avec le pan de la blouse d'un absent. Il se coiffa longuement, rejeta son chapeau en arrière et s'en alla d'un pas léger.

***

Le lendemain, un mercredi, Lagneau me raconta sa merveilleuse aventure. Il était allé se promener sur la Plaine en fumant voluptueusement des cigarettes anglaises.

— Mon vieux, je pensais à toi. J'étais justement en train de me dire que tu aurais fort bien pu venir. Tout à coup, je sens un regard se poser sur moi ; je lève la tête, et je vois, au premier étage d'une somptueuse maison, un visage de jeune fille qui me regardait timidement. Tout de suite elle laissa retomber le rideau. Cela n'avait duré qu'une seconde. Mais je restai là, ébloui de sa beauté. Figure-toi deux yeux très grands, noirs et doux, encadrés de longues boucles brunes, près d'une petite main blanche qui soulevait le rideau. Tu comprends bien que je ne voulus pas partir sans la revoir, et je continuai ma promenade. Je repassai sous sa fenêtre une dizaine de fois sans rien voir. Mais je devinais, aux frissons du rideau, que les beaux yeux étaient derrière. Qui était cette jeune beauté? Je réfléchis longuement sans perdre de vue la fenêtre. Je ne trouvai rien, rien, rien. Mais une main s'abattit sur mon épaule. Je me tournai, et je vis Peluque, de Math Elem. Il fumait sa vaste pipe crépitante dont le long tuyau recourbé redescend jusqu'à l'ouverture de son gilet. Il me fit quelques remarques sur mon élégance et me demanda ce que je cherchais.

— Peluque, lui dis-je, tu vas me rendre un grand service.

Il grimaça, fit remuer ses oreilles et me dit :

— Vas-y.

— Qui habite là, dans cette maison ?

— Mes amours, me dit Peluque d'une voix assurée.

— Tes amours ? repris-je, suffoqué... Tu...

— Parfaitement. Il y a trois mois que ça biche, et je la vois tous les soirs. Elle est bien, hein ?

— Oui, dis-je. Superbe. Quels beaux cheveux noirs !

— Noirs ? Tu as mal vu, sans doute. Elle est blonde.

— Comment, blonde ?

— Oui, blonde aux yeux bleus. Une belle Normande qui a vingt ans et qui est folle de moi.

— Il y a erreur, dis-je. Pour moi, je viens de voir à cette fenêtre une beauté de seize ans environ, brune, les yeux noirs et profonds.

— C'est la petite, me dit Peluque. La fille du patron. Moi je te parle de la bonne.

— Et comment s'appelle-t-elle ? Que fait-elle ?

— Tu as un pépin ? dit Peluque. Tu as tort. Avec ces petites filles il n'y a point d'amour. Je te conseillerai plutôt de chercher une bonniche.

— Comment s'appelle-t-elle ? repris-je.

— Lucienne, dit Peluque. Son père est ingénieur ; il a un mètre quatre-vingt-dix et je le crois féroce. Elle va au lycée, et chaque matin la bonne l'accompagne. Moi je les suis de loin, et je raccompagne la bonne. C'est d'ailleurs pour ça que j'arrive toujours à deux heures au lycée et que je suis collé chaque jeudi.

Il tira une bouffée de sa pipe, cracha fort loin et, mettant les pouces aux entournures du gilet :

— Que veux-tu ! C'est l'amour...

— Peluque, la petite m'a regardé plusieurs fois de sa fenêtre.

— Tu es sûr ?

— Absolument.

— Mais comment te regarde-t-elle ? Il y a la façon, dit Peluque. Moi je te regarde, mais j'ai pas le béguin pour toi. Faudrait voir.

— Rien n'est plus facile. Séparons-nous et surveille la fenêtre pendant que je me promène en lui tournant le dos.

Au bout de dix minutes de ce manège, Peluque me fit signe de descendre la rue Bergère ; il vint me rejoindre et me dit :

— Ca y est. C'est de la belle amour. Sais-tu ce qu'il faut faire ? Tu vas préparer une lettre. Mais torchée, hein ? Beaucoup de fla fla... Rien d'effrayant, hein ? Des vers... Du sirop, quoi. Tu me la donneras ; je la lui ferai passer par la bonne.

— Eh bien, conclut Lagneau en terminant son récit, il s'agit de faire la lettre.

Et il tira de sa serviette un magnifique papier mauve, suavement parfumé.

— Eh bien, lui dis-je, fais-la. Tu as le temps d'ici à ce soir.

— Seulement, reprit Lagneau, je suis assez embarrassé. Le français, ça n'est pas ma partie forte...

En effet. Ça n'était pas sa partie forte, pas plus que le reste, d'ailleurs.

— Tu devrais bien m'aider et me fabriquer un petit sonnet. Tu es bon pour ça, toi.

Je fus flatté et je consentis — à la condition que Lagneau ne me dirait pas un mot pendant l'opération et qu'il s'occuperait d'autre chose. Il ouvrit donc un cours d'Algèbre et fit de vains efforts pour s'y plonger.

Pour moi, j'invoquai les Muses et je me mis au travail. A peine avais-je écrit deux vers que Lagneau commença à me jeter des regards impatients. Quand le premier quatrain fut terminé il vint le voir par-dessus mon épaule et s'extasia. Il le lut deux fois et dit, d'une voix heureuse :

— C'est calibré !

Au bout d'une demi-heure, j'avais fini le chef-d'œuvre suivant :

Je marchais à pas lents sous les platanes frais.
La Plaine, après l'hiver, semblait enfin renaître,
Je rêvais à l'amour, hélas, sans le connaître
Dans mon sang rajeuni tout le Printemps courait...

Et j'ai senti soudain comme un bonheur secret,
Un effluve d'amour enveloppa mon être
Et j'ai levé la tête : à la haute fenêtre
Un visage divin sourit et disparaît...

O les beaux yeux, plus purs que les pures fontaines !
Beauté pensive, à peine entrevue et lointaine,
Je restai là, muet, insensible, hagard...

Je suis parti très tard, sous la nuit embrumée,
Mais de cet ineffable et magique regard
Je sens encor, ce soir, mon âme parfumée...

C'était calibré, je n'en doutais pas une seconde.

Lagneau, sous mon contrôle, fabriqua la prose qui devait être servie avec le sonnet.

Lagneau était d'abord d'avis de se peindre sous les traits d'un jeune millionnaire tuberculeux ; je l'en dissuadai ; suivant mon conseil, il se déclara sportman accompli, et poète à ses heures ; il pria la jeune déesse de se mettre à sa fenêtre chaque soir vers cinq heures, afin qu'il pût la contempler de loin.

Lorsque je vis cet arrangement, je m'insurgeai et montrai à Lagneau que cela n'était point prévu par l'emploi du temps. Il me répondit qu'il allait arranger cela ; il sortirait tous les soirs à quatre heures. Il perdrait donc chaque jour deux heures de travail ; mais ces deux heures seraient rattrapées le soir, de dix heures à minuit ; il travaillerait chaque soir jusqu'à minuit. C'était fort simple, et je l'admirai.

La lettre fut remise par l'intermédiaire de Peluque et de la bonne ; la réponse arriva deux jours après.

Elle était conçue en ces termes :

Monsieur,

J'ai été surprise et heureuse de votre délicieux billet. Je vous avais en effet remarqué, lorsque vous veniez le soir sur la Plaine, et je ne puis vous cacher que je suis bien flattée de votre attention. Je n'ai que seize ans et je vais au lycée où je suis en quatrième. Mon père ne me laisse guère sortir car nous avons un grand jardin où je puis rêver à loisir ; je serai à ma fenêtre, comme vous me le demandez, chaque soir à cinq heures. C'est d'ailleurs une habitude que j'ai depuis longtemps. A ce soir donc.

Votre petite amie.

Elle n'avait pas signé. Ce qui n'empêcha pas Lagneau de se jeter dans des transports de joie délirante. En étude, il ouvrait un livre, il semblait terriblement absorbé. Mais tout à coup il éclatait de rire, se frottait les mains et faisait trembler la table. A la fin de ces démonstrations, qui réveillaient chaque fois le répétiteur, il se penchait vers moi et me disait confidentiellement : « Ça biche ! » Je lui répondais par des sourires, et je l'enviais.

Cette exubérance lui fit recueillir un certain nombre de retenues. Ça ne l'empêchait pas de rire, et de trouver que la vie était une belle chose.

A une heure, il alla présenter au Censeur un nouveau billet, dans lequel, empruntant encore une fois la signature de sa mère, il affirmait que cette robuste dame, dont la maladie empirait, avait besoin de son fils chaque soir, à quatre heures, et pour une période indéfinie. Il eut l'autorisation.

Hélas ! Il m'entraîna sur cette pente. Dans son désir d'avoir un témoin de son bonheur, il m'incita à demander, au nom de mon père, une autorisation pour un soir ; ce que je fis.

Ma main tremblait légèrement lorsque je tendis au Censeur la carte de visite falsifiée ; mais cet homme ne comprit point, et à quatre heures, après une toilette minutieuse, nous sortîmes. Lagneau était fou de joie ; il me répétait sans cesse : « Tu vas la voir ! Tu vas la voir ! Et belle ! Et des yeux ! Et mignonne ! Et des cheveux ! » etc.

Nous allâmes nous installer sur un banc, en face de la fenêtre tant célébrée.

Il y avait à côté de nous un vieux, qui toussait et crachait abondamment, nous n'y prîmes point garde ; et, à cinq heures, la fenêtre s'ouvrit.

Lagneau devint écarlate, et regardant son soulier il me dit tout bas : « N'ayons pas trop l'air... » et n'acheva pas ; mais je vis clairement qu'il avait une fameuse envie de s'enfuir. Pour moi, sans crainte d'avoir trop l'air, je regardai ; je vis une jolie petite personne de seize ans, un peu fluette, et des cheveux bouclés et noirs qui encadraient un visage pâle et rose. Une bouche très petite, un nez petit et régulier, et surtout, des yeux magnifiques, des yeux immenses qui brillaient d'un éclat doux de perle noire.

Elle feignit d'abord de ne pas nous voir. Puis s'enhardit, enfin se fixa sur Lagneau qui, un peu réconforté par les injures que je lui prodiguais, leva la tête et la contempla.

Dès qu'il se remettait à rougir, je l'apostrophai à voix basse et en ces termes :

— Lève la tête, crétin, et regarde-la ! Croquant, tu ne vas pas faire montre d'une telle lâcheté...

Mais déjà Lagneau prenait la fuite, et je ne pouvais que le suivre en le maudissant.

Dès le lendemain, pourtant, nullement découragé par cette défaite, il me demandait de lui composer un nouveau poème. Je lui fis un second sonnet, dont les deux dernières strophes, faut-il l'avouer, me plurent assez.

Au ciel clair, déployant mollement ses longs voiles,
La nuit aux yeux d'argent allume ses étoiles,
Je vois se dessiner un visage moqueur.

O je les connais bien, ces larges yeux. C'est elle.
Et cette voix lointaine et douce qui m'appelle,
C'est mon amour caché qui chante dans mon cœur.

Lagneau fut encore une fois satisfait. Je vis sa lettre qui était assez ardente ; jamais il n'avait écrit de devoir français dans un style qui valût celui-là. Le sujet le portait, comme on dit. Il était fort hardi, la plume à la main, et il parlait avec tendresse d'un impossible baiser.

La lettre partit, et Lagneau passa le reste de la journée à dormir sur sa table, pour compenser, me disait-il, la nuit de labeur qu'il allait passer.

Le lendemain, arrivant frais et rose, il me raconta le travail formidable qu'il avait fait, et barra deux paragraphes du programme ; vraiment il supportait très bien ça et vous auriez certainement juré qu'il venait de dormir douze heures.

Il me raconta avec force détails l'entrevue de la veille. Elle avait souri trois fois, elle avait jeté deux fleurs, elle l'avait regardé avec tendresse, puis avec passion. Et sur-le-champ, ayant à écrire une nouvelle lettre, en réponse à celle qu'il avait reçue le matin même, il biffa l'heure de travail de dix à onze, la seule qui restât dans la journée, et la reporta à la suite des autres. De une à deux heures du matin.

Ayant pris cette résolution, il entama sa nouvelle lettre. Et cela dura un mois.

Lagneau ne se ressentait aucunement de l'énorme labeur nocturne. Il faisait quelques progrès en français à cause des lettres qu'il écrivait chaque jour. Et à peu près chaque jour je pondais un sonnet.

Le ton de la correspondance s'exalta petit à petit. Après avoir parlé timidement de l'impossible baiser, Lagneau demandait s'il ne pourrait cependant point le réaliser ; il voulait démontrer peut-être, une fois de plus, qu'impossible n'est pas français.

La jeune fille, après avoir laissé échapper quelques aveux timides, finissait par lui raconter qu'elle le voyait dans ses rêves, qu'elle rêvait de baisers brûlants et prolongés ; Lagneau répliquait qu'elle était sa vie, sa maîtresse bien-aimée, son cher trésor ; il allait jusqu'à dire qu'en rêve il l'avait vue au bord d'une source, toute nue, avec une « gorge d'albâtre » et des jambes au galbe enivrant. Elle parlait de dormir sur son sein ; il la tutoyait éperdument. Elle répliquait en lui avouant qu'elle avait un grain de beauté sur l'épaule droite, et un autre, très joli, sous le sein gauche. Lagneau mangeait la colle des enveloppes que ses lèvres avaient touchées. Il broutait les fleurs qu'elle avait baisées ; et chacun de ces deux innocents se montait l'imagination d'une façon inquiétante.

Malgré tous leurs efforts, la surveillance du père empêchait une rencontre. Quelquefois, dans la rue, ils avaient le bonheur de passer tout près l'un de l'autre. Ces jours-là, Lagneau ne se connaissait plus. Il riait bruyamment en classe et marchait sur les mains dans les couloirs.

Et Peluque, qui faisait l'office de facteur, répétait souvent qu'ils s'écrivaient trop et que, sur tant de lettres, le père finirait bien par en surprendre une.

Aussi, lorsque Lagneau voyait de loin, dans la rue, quelque passant de haute stature, il déguerpissait prudemment et sans fausse honte.

Un matin, je vis que Lagneau était occupé à un nouvel emploi du temps.

— Que fais-tu ? lui dis-je.

— Voilà, répondit-il. Je me suis aperçu qu'au baccalauréat on ne demande que certains sujets, toujours à peu près les mêmes. En français, par exemple, Racine et Corneille. En physique, les lois d'Ohm, la machine de Gramme, etc. Il est donc stupide d'apprendre le reste.

J'en convins.

— J'ai donc barré, poursuivit-il, tous les sujets qu'on ne me demandera pas ; les uns parce qu'on ne les demande jamais, les autres parce qu'on les a donnés l'année dernière.

Je lui fis remarquer qu'il ne devait rester que fort peu de chose.

— Presque rien, me dit-il triomphalement. Presque rien.

— Et si, par hasard, on te donnait un des sujets que tu as barrés ?

Lagneau prit un air méprisant.

— Ils auraient tort. Ils prouveraient qu'ils sont des imbéciles. Et d'ailleurs, je refuse d'envisager pareille éventualité.

Cela tranchait définitivement la question ; et Lagneau déclara que le soir même il se mettrait au travail, suivant l'emploi du temps remanié.

Deux semaines passèrent. Chaque soir, il venait s'asseoir sur le fameux banc, et attendait, pour ainsi dire, le lever du rideau. Je l'accompagnais quelquefois, le jeudi. Les deux amoureux, figés dans une pose d'adoration muette, se contemplaient. Ils semblaient plongés tous les deux dans le Nirvâna des Hindous. Le ton de la correspondance continua d'aller crescendo. Lagneau en avait son casier bondé et Peluque, le facteur, me disait quelquefois : « Ils s'écrivent trop. Ça n'est plus de la vraie amour, ça tournera mal... »

Le jour du baccalauréat arriva. Dès le matin, nous nous retrouvâmes dans la cour du lycée où la première épreuve allait commencer.

Peluque était là, fumant sa pipe éternelle. Polype, l'inventeur ; Babeille, de première A, qui avait mis un chapeau melon et fumait un cigare italien tourmenté comme un cep de vigne ; et Houille, souriant, les oreilles tellement écartées du crâne qu'elles semblaient suspendues par des fils au bord de son chapeau ; il avait un encrier cacheté à la main et fumait des *three castles* ; puis Havet, qui allait de groupe en groupe, frémissant et inquiet, demandant à chacun : « Que va-t-on donner, à ton avis ? Est-ce que tu sais les lois d'Ohm ? Est-ce que tu as revu l'Optique ? » Belloche, énorme, haussait les épaules et disait avec un vaste sourire : « Je m'en fous. Je m'en fous... Qu'ils donnent ce qu'ils voudront. Je ne sais rien... Ça m'est égal... »

De temps à autre, un arrivant était salué bruyamment : « Voilà Pédorka ! Arrive ici, ma vieille ! Voilà Merlau. Oné, le melon !... »

Au milieu de ce brouhaha, je vis arriver Lagneau.

— Eh bien, lui dis-je, ça va ? Es-tu prêt ?

— Si l'on veut, dit-il d'un air sombre.

— Comment, si l'on veut ?

A ce moment, Peluque l'interpella.

— Ohé, l'Amoureux ! Tu as du toupet de venir te présenter ! Tu n'en manques pas ! Ah non ! Oh là là !

Et il s'épuisait en exclamations.

— Quoi ? Quoi ? dit Lagneau. Je suis pas plus bête qu'un autre !

— Je ne dis pas ça, dit Peluque en s'approchant. Je dis seulement que lorsqu'on passe trois mois à regarder une fenêtre, on n'est pas mûr pour réussir. Qu'est-ce que tu en dis, Panier ?

— Je dis, répondis-je, que tu parais avoir raison.

Mais tu ignores sans doute qu'il a beaucoup travaillé la nuit.

— C'est lui qui t'a dit ça ? reprit Peluque. Il n'a pas trop une gueule à se coucher à minuit pour travailler. Ah non ! Pour ça, non !

Il remit sa pipe à la bouche et, après un instant de silence :

— Dis donc, Lagneau, sans blaguer, quels sont les points du programme que tu n'as pas vus ? Il y en a certainement, ajouta-t-il d'un ton conciliant.

— Ma foi, dit Lagneau un peu déconcerté, j'aime mieux te dire ceux que j'ai vus : je sais très bien la machine de Gramme, Corneille, la variation des fonctions et en anglais je sais faire un coucher de soleil. Voilà.

Je restai un peu effaré. Peluque s'esclaffa.

— Non ! Et tu viens au Bachot comme ça ! Pour chaque matière tu connais une question ! Une seule !

Lagneau, d'un air calme, fit une réponse digne d'être conservée. Il regarda Peluque froidement, et dit :

— On n'en donne qu'une.

A ce moment, la grande porte s'ouvrit et l'appariteur, muni d'une longue liste, commença l'appel. Tous, nous nous précipitâmes pour répondre. Puis, un à un, il nous laissa entrer. De vieux professeurs nous montraient nos places à de longues tables. Chaque candidat était à deux mètres de son voisin et, pour éviter les collaborations, chaque élève de Lettres avait à côté de lui deux Scientifiques.

La salle était immense, avec un plafond en voûte,

à quinze mètres au-dessus de nos têtes. Par les fenêtres ouvertes, le soleil entrait à flots. Quand tout le monde fut en place, l'un des vieux messieurs solennels alla vers la chaire qui s'élevait au fond de la salle et, prenant un paquet jaune, le montra à bout de bras, en ouvrant la bouche de plusieurs façons différentes et successives ; je n'entendis rien, mais il est vraisemblable qu'il parlait... Je compris même, vu les circonstances, qu'il nous priait de constater que le cachet de cire du paquet de textes était intact. Cela m'était égal et j'attendis la distribution.

La version latine fut facile, et je m'en débarrassai rapidement.

En levant la tête, je vis, trois tables plus loin, la figure désolée de Lagneau. Sans doute on ne lui avait pas donné le sujet, l'unique sujet à quoi il avait réduit tout le programme. Je m'informai auprès de mon voisin, en profitant d'un instant où les surveillants causaient.

— C'est le même sujet que l'année dernière, me dit-il.

Ainsi, les examinateurs, aux yeux de Lagneau, avaient prouvé qu'ils étaient des imbéciles, et ils lui avaient imposé un sujet qu'il ne connaissait point...

Le soir, en anglais, il eut comme sujet à donner son avis sur *Macbeth*. Quand nous sortîmes il m'expliqua comment il avait réussi à placer son coucher de soleil.

— Vois ce coup, me dit-il. J'ai commencé comme cela : « On parle souvent de *Macbeth*. Mais la vraie façon de lire cette pièce célèbre, c'est d'aller s'asseoir sous un chêne, le livre ouvert sur ses genoux, à l'heure où le soleil se couche... » etc. Tu vois d'ici le truc. Deux pages de coucher de soleil.

— Et *Macbeth*? Qu'en fais-tu, dans tout ça?

— J'ai résumé la pièce, à peu près, tu sais...

— Tu la connaissais donc?

— Vaguement. Tout le monde connaît ça, voyons... Le Maure qui étouffe sa femme. La tache de sang qui ne veut plus s'effacer. Tu seras roi... To be or not to be...

Je ne jugeai pas utile de le détromper.

— J'ai arrangé ça tout à fait bien, me dit-il. Je peux compter sur un vingt-cinq.

Il avait un air d'assurance qui faisait plaisir à voir.

Le lendemain, il sortit radieux de la composition de mathématiques. On avait donné la seule question qu'il connût. De même, le soir, en français, il choisit une explication de texte de Corneille. Il se frottait les mains joyeusement. Nous l'attendions dehors avec Peluque.

— Ça y est, nous dit-il. Je suis certainement reçu. En physique j'ai séché. Mettons cinq sur quarante. Mais en anglais, vingt-cinq. Ça fait trente. En math, tu peux mettre trente. Ça fait soixante. En français, tiens, je ne mets que vingt-cinq. Ça fait quatre-vingt-cinq. Je suis reçu avec cinq points d'avance.

C'étaient là de vastes espoirs.

Peluque sortit alors de sa poche deux lettres de sa maîtresse adorée.

— Il y en a une d'hier, dit-il. Je ne te l'ai pas donnée pour que tu aies l'esprit plus libre pour composer.

Lagneau les ouvrit rapidement et me les passa aussitôt lues. En même temps, il fit plusieurs sauts démesurés, jeta son chapeau en l'air, le rattrapa au vol, le remit très en arrière sur sa tête et s'écria :

« Je vais lui parler ! Je vais la prendre dans mes bras ! Hurrah ! Bravo ! Ça y est ! Ohé ! » et toutes sortes de cris extravagants.

J'en compris la raison en lisant la seconde lettre. L'ardente Lucienne l'informait qu'elle irait, le 8 juillet, à une grande kermesse donnée par plusieurs œuvres charitables, tous les élèves des lycées y seraient invités. Son père n'y pourrait venir et une vieille tante débonnaire l'y accompagnerait. Ils pourraient enfin se voir, et peut-être s'isoler dans les bosquets du Parc ! O joie !

Pendant les trois jours qui suivirent, nous continuâmes à fréquenter le lycée, quoique les classes de première fussent vides. Là, nous étions absolument libres, avec un peu de prudence. De huit heures à midi, réfugiés dans une classe inoccupée, nous faisions des manilles en fumant des cigarettes, avec Houille et Peluque. Comme il faisait très chaud, nous ôtions la chemise et la flanelle, et nous avions le torse nu sous les blouses.

A midi, nous allions dîner au réfectoire. De midi et demi à deux heures nous nous promenions dans les cours. De deux à quatre, nouvelles manilles. A quatre heures nous sortions tous, car des candidats au baccalauréat étaient libres à partir du 1er juillet.

Lagneau allait se poster sur le banc.

Pour moi, je suivais Peluque, qui, à l'Académie de billard, m'enseignait les secrets du coup dur et des coulés par bande.

Le grand jour arriva. C'était un jeudi. Lagneau vint me prendre chez moi, où j'étais en train de revoir, ou plutôt de voir le programme d'histoire et de géographie ; d'ailleurs prêt à partir, et le chapeau sur la tête.

A peine eut-il sonné, j'étais en bas ; et nous partîmes au beau soleil de juillet, en veston léger et en chapeau de paille.

Il était éblouissant : un pantalon de flanelle blanche à grands revers, un long veston gris, un gilet blanc largement ouvert. Cravate somptueuse, souliers jaune clair. Un œillet à la boutonnière, des gants clairs et un petit mouchoir de soie bleue sortant légèrement de la poche de sa veste.

Le long d'une grande avenue plantée d'arbres épais, nous allions côte à côte ; il m'exposa son plan, où tout était prévu.

J'y jouais un rôle, d'ailleurs peu intéressant.

D'abord, reconnaissance du Parc. Il fallait y dénicher à l'avance deux ou trois coins secrets où l'entrevue pourrait avoir lieu, suivant les circonstances.

Ensuite, nous rechercherions la jeune beauté et, profitant d'un moment favorable, on lui indiquerait par une télégraphie expressive l'endroit choisi. Puis, lorsque tous deux y seraient réunis, je devais jouer le rôle sans gloire et sans plaisir de la sentinelle.

A la porte, j'exhibai nos cartes d'entrée et tout de suite nous partîmes vers le Parc.

Il y avait un château superbe, au milieu d'une véritable forêt de pins et d'yeuses. Autour du château, de nombreuses baraques étaient installées : ici des petits chevaux, là un bazar de charité, là un tir à la cible, là une loterie. Dans un coin du Parc, aux allées bien ratissées, un théâtre en plein air. Cette région ne faisait point notre affaire et nous nous dirigeâmes vers la partie la plus boisée où de petits sentiers tenaient lieu d'allées. Ces parages convenaient à souhait et nous découvrîmes une grotte artificielle, cachée au milieu de ronces du plus bel effet. Un sentier y donnait accès. Lagneau me fit remarquer seulement que si leurs baisers y étaient surpris ils ne pourraient pas s'enfuir ; la grotte dissipa cette crainte : elle avait trois issues et, en cas de surprise, chacun des amoureux pouvait s'enfuir de son côté, sans aucun risque.

Lagneau la visita soigneusement, releva un vieux banc qui s'y trouvait et l'épousseta. Puis il me désigna l'endroit où je monterais la garde ; et je m'exerçai à émettre une toux spéciale, qui serait le signal d'alarme.

Quand tout fut prêt, nous redescendîmes vers la région habitée.

Les invités affluaient. Des jeunes filles anémiques, vêtues de rose tendre, suivies de mères énormes en toilettes de jeunes filles, avec des fleurs aux corsages ; des messieurs graves et ennuyés, gantés de beurre frais et surmontés de claques à dix reflets.

Des professeurs à lorgnon, de vieilles dames à réticules. Des directrices de lycées et d'écoles supérieures, si bien coiffées qu'elles n'osaient remuer. Des normaliennes au buste concave, enfin des lycéens, en assez grand nombre. Belloche, au ventre somptueux, Babeille, toujours souriant, Havet se répétant intérieurement les dates importantes du ministère Polignac, et enfin Peluque, méconnaissable avec des escarpins vernis, une cravate pareille à une bannière et un chapeau de paille aux vastes bords. Sa main, dans sa poche, tourmentait sa bouffarde, qu'il n'osait point sortir car, me confia-t-il, ce serait indécent ! Et pourtant, il avait une fameuse envie d'en incendier une... Les petites baraques étaient assaillies et chaque lycéen, ayant déjà « repéré » quelque beauté de son goût, se mettait en chasse, armé de bonbons fondants et de fleurs.

Lagneau frémissait d'impatience ; il me confia tout bas qu'il allait lui proposer de l'enlever, car il ne pouvait plus vivre sans elle... Havet vint à nous et nous demanda si nous étions contents de nos épreuves ; pour lui, il nous donna son compte de points et de demi-points ; et comme nous ne l'écoutions guère, il se rabattit sur Polype qui arrivait, et l'assiégea.

Tout à coup, Lagneau s'écria : « La voilà !... » C'était elle, en effet, tout de bleu vêtue, avec un col blanc qui lui donnait un air charmant de fillette. Deux cousines l'accompagnaient et, derrière elles, marchait une dame fort grosse et vêtue de soie brillante, qui semblait demander grâce à chaque pas. Elles se tournèrent vers la dame, et se concertèrent. Puis le petit groupe, à travers la foule, se dirigea vers la buvette en plein air. La grosse dame accabla de son poids une chaise de jardin, et se fit apporter de la limonade. Puis elle distribua de l'argent aux jeunes filles, qui tout de suite s'avancèrent vers les baraques. Nous les y suivîmes discrètement ; Peluque se joignit à nous. « Je vais faire la commission, insinua-t-il tout bas. Où est-ce ? »

Lagneau lui indiqua la région où se trouvait la grotte :

— Dans la grotte, dit Lagneau.

— Vas-y tout de suite, reprit Peluque. Elle ira t'y trouver.

Lagneau, s'efforçant de prendre un air naturel, s'en alla à pas lents, et avec de tels regards autour de lui qu'on aurait pu croire qu'il invitait toutes les personnes présentes à le suivre.

Ces jeunes filles, au milieu d'une cohue qui sentait la jeunesse et les parfums Pivert, tiraient à la carabine sur des pipes que le bruit seul de la détonation mettait en miettes, et mangeaient deux macarons à chaque triomphe. Elles cédèrent la place à d'autres mais restèrent dans la cohue pour admirer leurs successeurs. Peluque, jouant des coudes, se fit un passage jusqu'à Lucienne ; et, dans un murmure qui attira l'attention de tout le monde, il lui dit : « Dans la grotte, là-bas, près de ce bouquet de pins. » Et tout de suite il prit l'air innocent, et s'intéressa prodigieusement au tir à la carabine.

L'amoureuse sortit de la foule suivie des deux cousines. Elles se concertèrent, puis Lucienne, accompagnée de l'une d'elles, se dirigea à pas lents vers le rendez-vous. Je remarquai qu'elle était fort rouge et riait avec affectation. Je partis comme un trait ; je trouvai Lagneau assis sur le banc ; il éternuait terriblement, car la grotte était fraîche, et paraissait mal à l'aise. Dès qu'il me vit, il se leva et me dit d'une voix étranglée :

— Elle va venir?

— Elle vient, lui dis-je.

Il regarda anxieusement le sentier et pâlit, de bonheur sans doute.

Je me mis à mon poste et je vis venir les deux beautés ; derrière elles marchait Peluque, fumant une cigarette.

J'étais un peu ému. « Que va-t-il se passer? me demandai-je. Au point où ils en sont, épistolairement parlant, ça ne va pas faire long feu. Ils vont tomber dans les bras l'un de l'autre et faire retentir la grotte de leurs baisers. Ça va peut-être prendre des proportions... »

Je me promis de ne point regarder et de remplir mon rôle avec abnégation.

Pourquoi diable venait-elle avec sa cousine? Cela me chiffonnait. Cela devait paraître peu convenable à Peluque, car il les rejoignit à quelque distance de la grotte, et je l'entendis qui offrait à la cousine (charmante, ma foi) de lui faire visiter le Parc. On aurait cru vraiment qu'il en était l'indiscutable propriétaire, et il disait ça si bien qu'elle accepta, et tous deux montèrent sous les yeuses, tandis que Lucienne s'avançait vers la caverne. De ma cachette, j'entendis éternuer Lagneau.

Elle entra.

Je n'entendis rien... J'eus bien envie de me retourner mais je luttai. Puis une voix, celle de Lagneau, s'éleva :

— Alors, tu... tu... vous êtes un peu venue à cette kermesse ?

— Oui.

— Ah ah! C'est très bien. C'est très bien...

Je n'y pus résister, et je regardai.

Lagneau, écarlate, était debout, en face de Lucienne, sur la porte de la grotte. Il tournait gauchement son chapeau dans ses mains et regardait fixement son soulier gauche. La jeune personne, les joues en feu, chiffonnait nerveusement une fleur...

— Il y a beaucoup de monde, fit remarquer Lagneau.

Elle ne répondit pas.

— La recette sera bonne, reprit-il. Puis, d'un ton convaincu : Tant mieux. C'est pour les pauvres...

J'étais ahuri. Ça n'était pas de la vraie Amour, aurait dit Peluque.

Lagneau devenait grenat à force d'être rouge. Il voulut encore parler. Il montra la caverne.

— C'est une grotte, dit-il. Il y a un banc.

Elle ne répondit pas davantage.

Alors, je fis émerger ma tête de la verdure et je

regardai Lagneau fixement. Il m'aperçut et ma vue lui donna du courage. Il se précipita sur sa Dulcinée, et la pressa violemment sur son cœur en s'écriant :

— Je t'aime... Viens. Viens, je t'adore...

Et il voulut l'entraîner dans la grotte. Mais elle fondit en larmes, et se mit à déchirer son mouchoir. Lagneau fit un pas en arrière et la regarda fixement. De son beau mouchoir de soie bleue, il essuya son front en sueur puis, envahi par une soudaine panique, il prit la fuite.

J'étais stupéfait. La jeune fille pleura encore un moment, avec des cris peu articulés, et en frappant du pied : puis elle tira de je ne sais où un petit poudrier dont le couvercle portait à l'intérieur un miroir. Elle répara le désordre de son visage, calma celui de son esprit par quelques réflexions puis, pensive, elle s'en alla.

La bouche pleine d'injures, je partis à la recherche de l'Amant. J'arrivai à temps pour l'empêcher de s'enfuir, et je le traitai sur-le-champ d'imbécile et de gaspilleur d'amour.

— Aussi, me dit-il, pourquoi t'es-tu montré?

— Ah non ! m'écriai-je... Tu ne vas pas me mettre cette catastrophe sur le dos? Pourquoi t'es-tu enfui? Imbécile ! Sauvage ! Ça valait bien la peine de lui parler du galbe de ses hanches ! Tu es encore un beau phénomène, toi ! Un fameux don Juan !

Il ne répondit pas à mes reproches.

— Penses-tu que tout soit perdu? me demanda-t-il.

— Ça m'en a tout l'air, lui répondis-je. Il faudrait

demander conseil à Peluque. Mais tu sais qu'il va te charger d'injures quand il saura de quelle façon brillante tu as donné l'assaut !

Je l'entraînai dans la foule. Ahuri, il se laissait faire. En passant devant la buvette, je vis la tante débonnaire, assise entre Lucienne et l'une des cousines. Toutes trois buvaient de la limonade en abondance. La maîtresse adorée rougit lorsqu'elle nous vit passer. Quant à Lagneau, ce spectacle le jeta dans un tel trouble qu'il salua le groupe comme de vieilles connaissances. La vieille dame lui rendit son salut en le dévisageant à l'aide d'un face-à-main. Puis elle se pencha vers sa nièce, pour lui demander sans doute « quel était ce jeune homme »...

Après force poussées, nous réussîmes à sortir de la foule, devenue compacte ; nous nous dirigeâmes vers les fourrés. Ils n'étaient plus aussi solitaires et çà et là nous rencontrâmes quelques couples timides, qui se promenaient par les sentiers, avec l'âme poétique et des fleurs à la main.

Nous cherchâmes longtemps, et nous étions sur le point d'abandonner notre exploration lorsque j'entendis sortir d'un hallier une voix qui ressemblait fort à celle de Peluque. Je fis signe à Lagneau de s'approcher.

A travers les branches, au milieu d'une petite clairière, nous vîmes Peluque, assis tout près de la jolie cousine, sur un tronc d'arbre moussu. Elle s'appuyait à son épaule, en fumant une cigarette. Peluque, d'une main, lui entourait la taille ; de l'autre il tenait une cigarette ; entre chaque bouffée, ils échangeaient tous deux de tendres baisers.

— Il sait se débrouiller, l'animal ! murmurai-je.

La voix de Peluque s'éleva.

— Qui sait ce qu'ils font en ce moment?

— Mon Dieu ! dit la cousine avec un petit rire effrayé... C'est que leurs lettres étaient... passionnées.

Peluque se montra profond psychologue :

— Bah ! dit-il. Ça ne veut rien dire. Ils en font peut-être moins que nous.

Ils s'embrassèrent.

— Je vous parie cent sous, reprit Peluque en mêlant le parfum du tabac à celui des baisers, je vous parie cent sous qu'il ne lui a même pas pris la taille !

Il l'embrassa de nouveau.

— Croyez-vous? dit la cousine.

— J'en suis sûr, reprit Peluque. Je connais Lagneau. C'est un jobard.

L'Amant déconfit me serra le bras. O douleur! Bredouille et bafoué ! Je l'entraînai vers les bruits de la fête, tandis qu'un bruit de baisers et de rires frais montait des feuillages...

Deux jours après, nous étions au lycée, attendant le résultat de l'écrit. Dans une cour de l'internat, un grand nombre de candidats se promenaient en causant. J'étais avec Lagneau et nous parlions de ses amours.

— Je lui ai envoyé une lettre tapée, me dit-il. J'espère que ça va marcher ; et je ne manquerai pas une autre occasion. Ah non !

Et il le disait avec tant de force qu'il en était convaincu lui-même.

Houille s'approcha.

— Ah ah ! Lagneau ! Ce qu'il s'en est payé, hier ! dit-il d'un air d'envie. Sa petite y était ; je l'ai vue s'en aller vers les taillis et le don Juan l'y attendait sans doute... Tu rougis, Lagneau ! J'ai bien deviné ! J'ai deviné ! Oh, le paillard ! Ce qu'il a dû lui dire ! Quels transports ! Tu ne devais pas être embarrassé, hein ?

Lagneau ne savait où se mettre, d'autant que Houille était sincère et croyait fermement à quelque débauche de baisers.

Peluque arriva. Il était porteur d'une lettre. Lagneau la lut. Pendant ce temps, je mettais Peluque au courant de l'entrevue à la kermesse. Il leva les bras au ciel et s'écria à plusieurs reprises : « O jobard ! jobard ! O trois fois jobard ! Après ça, tu viendras faire le zigotto ! »

Mais l'Amant avait un tel air d'accablement qu'il ne continua pas.

— Qu'y a-t-il ? demandai-je.

Il nous tendit la lettre et je la lus à mi-voix Elle contenait ceci :

Monsieur,

Je ne sais comment commencer cette lettre et je suis presque aussi embarrassée que nous l'étions tous les deux avant-hier. Je crois que notre amour ne peut survivre à ce rendez-vous, qui m'a appris sur mon état d'esprit beaucoup de choses que je soupçonnais déjà. Je ne crois pas vous aimer vraiment, car je n'avais pas du tout envie de me laisser embrasser, je vous l'avoue carrément. Je crois que vous m'avez plu surtout parce que je suis très seule et cet amour était un peu comme dans les livres. Si cela vous fait de la peine, je vous prie de me le pardonner. Je ne vous oublierai jamais et j'aurai toute ma vie une petite émotion quand je penserai à notre amour épistolaire.

Votre,

P.S. Je vous serais reconnaissante de brûler mes lettres ou de me les renvoyer. Celles que vous m'avez écrites vous seront remises avec celle-là.

— Ah oui, dit Peluque. Il y avait un paquet avec la lettre. Mais il était trop gros, et je l'ai chez moi. Il ne doit pas y avoir que des lettres. Ça pèse bien cinq kilos.

— Je lui ai écrit chaque jour pendant trois mois, et des lettres de vingt pages.

— Malheur ! dit Peluque éloquemment.

A ce moment, il y eut une ruée vers un coin de la cour : deux professeurs affichaient les listes d'admissibles.

Nous nous précipitâmes.

En un clin d'œil, la cour prit un aspect bizarre : quelques-uns calmes ; d'autres accablés ; d'autres jurant épouvantablement et faisant serment de casser la g... au président du jury ; d'autres encore se livrant à l'allégresse la plus mouvementée ; Havet poussait des éclats de rire aigus d'hystérique...

Pour moi, j'étais admissible. Je cherchai le nom de Lagneau. Il n'y était pas...

Il l'avait déjà vu, et seul, adossé à un platane, il personnifiait la désolation. Peluque, qui était admissible, me prit le bras, et nous allâmes lui prodiguer des consolations.

Il nous accueillit par un geste de révolte.

— Alors quoi ? s'écria-t-il. Pas d'amour et pas de Bachot ? C'est trop fort ! Réellement ! Ah non ! Ces crétins du jury !

Car le lecteur doit savoir que, s'il y a des refusés à tout examen, c'est certainement la faute du jury.

— Au moins, si ça marchait d'un côté ! Mais rien ! Rien !

Il s'en alla tristement, le dos voûté, les mains dans les poches du beau pantalon blanc et, détail caractéristique, le chapeau enfoncé sur les yeux.

Peluque alluma sa bouffarde :

— Tout ça, c'est de sa faute, conclut-il. Ces amours-là, ce sont des enfantillages, ça n'est pas sérieux. S'il m'avait écouté, il aurait pris une bonniche.

Marcel Pagnol
au temps des Souvenirs
par Bernard de Fallois

Les pages qu'on vient de lire ont été écrites par Marcel Pagnol entre 1959 et 1962. Il les destinait au quatrième et dernier tome de ses déjà célèbres *Souvenirs d'Enfance*, et il leur avait donné un titre, *Le Temps des Amours*. Pourtant, bien que leur auteur ait vécu jusqu'en 1974, elles n'ont jamais été publiées.

Ce livre a donc une histoire, comme tous les livres, et il a aussi une seconde histoire, plus particulière, puisque c'est un livre abandonné.

Il est bien dommage que Marcel Pagnol n'ait pas raconté lui-même ces deux histoires. Car il aimait créer, mais il aimait aussi s'expliquer. S'il l'avait fait, parlant d'une œuvre dans laquelle le public avait reconnu son œuvre maîtresse, il nous aurait donné sur beaucoup de sujets, sur l'art de la prose, sur la mémoire, sur l'enfance, sur son métier d'écrivain, des remarques du plus grand intérêt.

Mais en outre, il en aurait sûrement profité, comme il l'a fait à propos des *Marchands de gloire*, de *Topaze* ou de *Marius*, pour nous décrire les circonstances dans lesquelles il avait conçu ces *Souvenirs*, la vie qu'il menait alors, les amis qu'il voyait, et le Paris de cette époque, qu'il aurait comparé au Marseille de son enfance. Ce second aspect, beaucoup plus important que le premier, donne aux longues préfaces qu'il a composées pour ses premières pièces l'allure de véritables petits romans ; elles se lisent avec autant de plaisir, ou plutôt elles forment la suite naturelle de ses *Souvenirs d'Enfance*, dont elles ont la verve, la tendresse et l'humour.

Seulement, à l'époque où il écrivit ces préfaces, les *Souvenirs* étaient encore tout frais, tandis que les années 30 étaient déjà lointaines. En les racontant, c'est un peu sa propre jeunesse qu'il racontait. Et il est plus agréable d'évoquer sa vingt-cinquième année que sa soixantième. C'est sans doute pourquoi Marcel Pagnol s'est contenté de placer, au début de *la Gloire de mon Père*, deux ou trois pages dans lesquelles il compare la situation de l'écrivain qui s'apprête à publier un livre à celle de l'auteur dramatique qui va faire jouer une pièce — pages excellentes, certes, mais qui nous laissent sur notre faim.

Aussi m'a-t-il paru nécessaire d'exposer brièvement qui était le Marcel Pagnol de ces années-là, comment lui est venue l'idée d'écrire ses *Souvenirs*, et pourquoi il ne les a pas terminés.

***

Il vient d'avoir soixante ans, et il en paraît quarante, à peine. Il est de taille moyenne, assez fort, rayonnant de santé, la vraie, celle qui ne doit rien au sport. Il lui arrive de revêtir son habit vert et de prendre son bicorne, le jeudi, mais le plus souvent il n'a même pas de cravate, et porte un tricot de marin ou de joueur de boules. Ce qui frappe le plus en lui, ce n'est pas la voix, merveilleuse, mais trop facile à imiter, c'est le regard. Il est double : un œil brille toujours malicieusement, l'autre est plutôt triste, mais c'est celui qui brille qui est timide, tandis que celui qui est triste a un éclat très ferme. Un régal. En somme il n'a pas du tout l'air d'un Parisien. On dirait un sénateur romain qui aurait lu Dickens.

Il n'a plus rien du petit lycéen fluet, entreprenant, fou d'audace, qui fondait à Marseille, il y a plus de quarante ans, la revue *Fortunio*. Ni du jeune auteur dévoré d'anxiété, quinze ans plus tard, qui sait qu'il va jouer son va-tout avec une pièce qu'il croit bonne, qui s'appelait *la Belle et la Bête*, mais qu'il vient de débaptiser pour l'intituler, en pensant que les plus grandes pièces de Molière portaient le nom de leur personnage principal, *Topaze*.

Il n'a d'ailleurs plus besoin de référence, ni de patronage : ni celui de Musset ni celui de Molière. Il porte un nom qui, grâce au cinéma, est aujourd'hui connu d'un plus grand nombre de ses concitoyens que ne l'a jamais été aucun écrivain de son pays. Il s'appelle Marcel Pagnol.

Les années 50, qui sont en train de s'achever, ne laisseront pas un grand souvenir. Ce fut une après-guerre, pour la seconde fois, mais sans les changements, les découvertes, les défis, l'euphorique illusion de la précédente. Les dix années qui viennent de s'écouler n'ont pas vu naître beaucoup de nouvelles gloires. Les vedettes de l'entre-deux-guerres occupent encore la scène, et les jeunes ne semblent pas très pressés de les en déloger. Des années folles ? Non, des années sages, plutôt, et même un peu grises.

En cette fin d'année 1955, que devient notre Marcel ? C'est un homme comblé. Que lui reste-t-il à désirer ? Il voulait tout et il a eu, exactement, tout.

La gloire d'abord. Il l'a connue une première fois, à l'âge où d'autres se contentent d'en rêver, avec *Topaze*. Et une seconde fois, moins sérieuse, en 1945, quand il est entré à l'Académie parce que son ami Henri Jeanson avait subtilisé sur son bureau une lettre de candidature, pendant qu'il ouvrait une bouteille de champagne pour fêter la victoire des Alliés. Il en a ri, mais cela ne lui déplaît pas. Comme beaucoup d'anarchistes profonds, il aime bien les institutions.

Mais il ne voulait pas que la gloire l'empêche de s'amuser, et il s'est amusé aussi, follement, avec un jouet tout neuf qui allait devenir le plus beau jouet du siècle : le cinéma. Quand celui-ci s'est mis à parler, il a été le premier à pressentir, contre tout le monde, que désormais une page de l'histoire du spectacle était tournée. Cela lui a valu dix ans de bonheur : des studios à lui, les perpétuelles trouvailles de la technique, le son, l'image, les nouvelles pellicules, les dialogues refaits en une nuit, les comédiens qui sont ses amis et qui se brouillent, s'adorent, se refâchent, se retrouvent, mille aventures, toute une troupe qu'il peut emmener avec lui sur les collines de Provence et qui enchante son instinct de chef de bande.

L'amusement ne devait pas non plus l'empêcher de gagner de l'argent, et il en a gagné. Beaucoup. Au début, il comptait encore, avec une sorte d'amusement joyeux, cela pouvait se mesurer. Il disait : si ma pièce tient un mois, j'aurai gagné trois mois de salaire à Condorcet, si elle tient jusqu'à l'été, j'aurai gagné deux ans de salaire à Condorcet. Aujourd'hui, il a dû gagner un ou deux siècles de salaires à Condorcet, il ne sait plus, il ne compte plus. Il est riche.

Enfin, son vœu le plus intime peut-être, ni l'argent, ni l'amusement, ni la gloire ne devaient l'empêcher d'aimer, c'est-à-dire d'être aimé. Et il a épousé, au lendemain de la guerre, après une jeunesse plutôt orageuse, une jeune comédienne délicieuse, qui lui plaît parce qu'elle ressemble à s'y méprendre à toutes les héroïnes de son œuvre, et qui lui plaît aussi « parce que c'est elle ». Elle s'appelle Jacqueline, et elle lui a donné deux enfants, qu'il adore.

Un seul drame, dans cette vie à laquelle tout a été épargné : sa petite fille, Estelle, vient de mourir. Mais cet homme pudique n'en parle pas, même à ses intimes.

C'est d'ailleurs pour cette raison qu'il vient de déménager, quittant pour toujours la maison de Monaco où il aimait passer plusieurs mois par an. Comme son appartement parisien de la rue Jean-Goujon était trop petit, il s'est installé dans un bel hôtel particulier, près du Bois de Boulogne.

Il y travaille, selon son habitude, c'est-à-dire beaucoup. Les journalistes le peignent volontiers sous les traits d'un grand paresseux : il laisse dire, mais c'est une réputation totalement surfaite. Si quelqu'un pouvait pénétrer dans le petit bureau du deuxième étage où il aime aller s'enfermer plusieurs fois par jour, que verrait-il sur son bureau, et dans la bibliothèque qui est derrière, et dans laquelle les dossiers s'accumulent? Une pièce de théâtre, *le Petit Ange*, écrite il y a longtemps, et qu'il a décidé de reprendre. Sa traduction des *Bucoliques*, un vieux rêve, en souvenir des classes de latin de M. Leprat. Un essai médical sur la fonction respiratoire. Un énorme dossier de travaux mathématiques qui contient toutes ses recherches sur les nombres premiers et sa tentative pour démontrer — il croit bien y être arrivé — le dernier théorème de Fermat. Cela, peu de gens le savent, c'est presque un secret. En tout cas, c'est plus qu'un goût, c'est une passion. Il sourit quelquefois en pensant qu'à trente ans, avant même d'avoir fait jouer *Topaze* et *Marius*, il avait pris la décision de rompre de façon éclatante avec la littérature pour se consacrer entièrement aux sciences. Il avait même déjà écrit une préface pour annoncer ce coup de théâtre, qui devait être publiée avec ses *Eléments d'une thermodynamique nouvelle* [1].

Quoi encore? Le début de *Manon des Sources*, qu'il a tourné en 1953, et dont il veut maintenant faire un roman. Une autre Manon, Manon Lescaut, dont il a bien envie d'écrire les Mémoires, sous forme d'une réponse à l'abbé Prévost. Selon Marcel, le cher abbé n'a rien compris à ce qui s'était passé entre elle et le beau chevalier. Autre énigme : le Masque de Fer, sur laquelle il commence à rassembler méthodiquement un grand nombre de fiches, pour écrire un livre d'histoire.

Comme on le voit, les projets ne manquent pas. Jamais l'inventif Marcel, dont personne ne soupçonne la curiosité universelle, n'en a suivi autant

1. Voir en Annexe.

à la fois. Il est aussi content de travailler qu'heureux de vivre.

Et pourtant, sous cette belle apparence, la réalité l'est un peu moins. L'âge a-t-il diminué sa force créatrice, ou lui manque-t-il seulement cette ardeur, cette volonté de conquête qui animaient tous ses projets et leur insufflaient une sorte de gloire triomphante ? En tout cas, rien de ce qu'il a écrit depuis la guerre n'a rencontré le succès foudroyant de ses premières pièces, de ses premiers films.

Il est resté fidèle au cinéma. Il a tourné *Manon des Sources*, chez lui, en Provence, et il tenait beaucoup à ce grand poème parce que c'était la rencontre d'un amour et d'un pays. Il est revenu au théâtre, où il a fait jouer une pièce à laquelle il rêvait depuis longtemps, *Judas*. Deux œuvres ambitieuses, qui ont eu des carrières très différentes, mais qui lui ont laissé un certain sentiment d'insatisfaction. *Judas* était une très bonne pièce, qui a totalement échoué. *Manon* a reçu un excellent accueil du public et de la critique, mais ce succès ne l'a pas tout à fait convaincu.

En fait, le cinéma, maintenant, le fatigue un peu. Marcel n'a plus ses studios, ni son circuit de distribution. Les moyens financiers que réclame un film sont devenus considérables. Le grand Raimu n'est plus là, plusieurs autres ont disparu, la troupe enchantée s'est dispersée.

Quant au théâtre, les modes qui y ont cours lui paraissent assez sottes et prétentieuses.

En somme, à soixante ans, comblé de gloire et d'honneurs, Marcel Pagnol a encore devant lui une belle carrière d'académicien d'excellent niveau.

Mais le feu de la jeunesse commence à s'éteindre.

C'est alors, au moment où il s'y attendait le moins, que le miracle se produisit, que le grand vent de la création se mit à souffler comme autrefois. Et que Marcel, délaissant tous ses autres travaux, se lança presque par accident dans un petit récit d'un genre tout différent. Un récit tellement simple et modeste qu'au début il n'imagine même pas qu'il en fera un livre, ni que ce livre fera plus pour sa gloire que toutes ses œuvres passées. Un de ces livres « pour tout le monde et pour toujours » que sont les vrais classiques.

Et comme il n'a jamais douté de rien, comme il sait que la naïveté est le secret des grands artistes, il prend un nouveau dossier et inscrit dessus un titre que personne n'aurait plus osé choisir, tant il est simple : *Souvenirs d'Enfance.*

***

Les *Souvenirs d'Enfance* sont nés au cours d'un déjeuner chez Hélène et Pierre Lazareff, au printemps 1956.

Tout s'oublie vite, et l'on ne sait déjà plus, aujourd'hui, ce que furent à l'époque ces deux étonnants personnages. La presse régnait alors sur l'information, et Pierre et Hélène régnaient sur la presse, dirigeant l'un le premier quotidien national, l'autre le premier magazine féminin. Mais leur importance tenait beaucoup moins à leur pouvoir qu'à leurs dons. Curieux de tout, ne prisant que le talent, indifférents et même hostiles à toutes les formes d'intolérance, ils jetaient un pont fort utile entre la génération brillante de l'entre-deux-guerres qui avait été la leur, et celle qui avait suivi.

Chaque semaine, on voyait se retrouver chez eux presque tout ce qui comptait à Paris, acteurs, écrivains, vedettes de la politique ou de l'actualité.

De sa jeunesse, Pierre avait conservé deux choses : l'amour passionné du théâtre, et un sens très aigu de l'amitié. Marcel Pagnol était un de ses hôtes préférés, parce qu'ils avaient fait leurs débuts en même temps et qu'il restait pour lui le témoin de cette époque glorieuse.

— Mais, disait-il en parlant de sa femme, de nous deux c'est Hélène qui a du génie.

Elle allait le montrer.

Pendant le déjeuner, comme cela lui arrivait souvent, Marcel avait « raconté une histoire ». Celle qu'il avait choisie ce jour-là ne venait pas de l'inépuisable série d'anecdotes liées au théâtre et au cinéma. C'était une minuscule tragédie enfantine, l'histoire des quatre châteaux devant lesquels il passait avec ses parents, quand il était petit, pour raccourcir le chemin qui menait à la Treille, et de la terrible émotion qu'il avait éprouvée le jour où, surpris par un garde, il avait vu pour la première fois son père défait et humilié.

La tradition voulait qu'une fois par an, pour son numéro de Noël, le magazine *Elle* publiât un conte. A peine Marcel eut-il fini de parler qu'Hélène Lazareff lui demanda d'écrire pour ses lectrices ce qu'on venait d'entendre.

Marcel promit. Il promettait facilement.

Les semaines passèrent, il oublia, et personne n'aurait connu l'histoire des quatre châteaux si un deuxième agent du destin n'était alors intervenu.

Car si le mérite d'avoir demandé les *Souvenirs* revient à Hélène Lazareff, celui d'avoir forcé Marcel à les écrire revient à un autre collaborateur du journal, d'un rang moins élevé puisqu'il exerçait rue Réaumur l'honorable profession de cycliste.

Ce bienfaiteur des lettres ne s'est jamais fait connaître, et nous ne pourrons donc pas lui exprimer notre reconnaissance, mais son astuce est digne de passer à la postérité. Un matin, il sonna vers onze heures à la porte de Marcel, pour prendre l'article que celui-ci avait promis. Le Maître le reçut fort civilement.

— Mon ami, lui dit-il, je sais que Mme Lazareff attend cet article avec impatience, et croyez bien que rien ne me serait plus agréable que de lui faire plaisir. Toutefois, je ne l'ai point tout à fait terminé (il n'était pas commencé), il me reste encore quelques lignes à écrire, et je ne veux pas vous faire attendre. Ayez donc l'obligeance de retourner au journal, et de dire à Mme Lazareff que je lui porterai moi-même ce pli demain matin.

— Maître, lui répondit le cycliste, j'ai une femme et deux enfants. Il faut croire que votre article a une grande importance, car la direction m'a fait savoir que, si je rentrais au journal sans lui, je serais renvoyé le jour même. Permettez-moi donc d'attendre tranquillement dans votre jardin que vous ayez écrit ces dernières lignes. Il y a toujours quelque chose à faire sur un vélo, je ne manquerai donc pas d'occupation. Et d'ailleurs j'ai tout mon temps.

Ce disant, il avait déjà retourné sa bicyclette et commencé à démonter une roue.

Pris au piège, et peut-être secrètement ravi d'avoir rencontré un homme aussi perspicace, Marcel n'eut plus qu'à remonter dans son bureau et à prendre non pas son stylo, car il n'usait jamais de cet instrument agressivement moderne, mais sa plus belle plume « Sergent-Major ».

Et c'est ainsi que quelques semaines plus tard, le 3 décembre exactement — car dans les magazines féminins Noël ne tombe pas le 25 décembre comme dans tous les calendriers, mais beaucoup plus tôt pour des raisons qui échappent à tout le monde, sauf au chef de la publicité — les lectrices de *Elle* purent lire pour la première fois dans leur journal ces lignes étonnantes qui enchanteraient un jour des millions de lecteurs. Comme elles ont disparu de l'édition définitive, n'hésitons pas à les transcrire ici :

« *Ceci se passait vers 1905, et selon mes calculs de cette époque, la famille avait soixante-treize ans : deux pour la petite sœur, six pour mon frère Paul, neuf pour moi, vingt-six pour ma mère et trente pour mon père, notre patriarche. Il était alors maître d'école à Marseille et nous l'admirions pour sa force, sa beauté, son adresse au jeu de boules, son talent de flûtiste et surtout sa façon désinvolte d'aiguiser son rasoir sur la paume de sa main gauche...* »

Divisée en cinq épisodes, l'histoire des quatre châteaux fut publiée dans le journal, du 3 décembre 1956 au 7 janvier 1957.

Les réactions furent si immédiates, l'enthousiasme si chaleureux, les lettres de lectrices qui « en redemandaient » si nombreuses que Marcel comprit vite qu'il ne pourrait pas s'arrêter là. D'ailleurs il avait pris lui-même tellement de plaisir à ce récit que sa plume, maintenant, courait toute seule. Il décida d'en faire un livre, y travailla toute l'année, le trouva trop long pour en faire un volume, et, l'ayant divisé en deux, inventa pour chacun un titre qui allait devenir immortel : *la Gloire de mon Père* et *le Château de ma Mère.*

***

Telles sont les trois étapes de la naissance des *Souvenirs*, bien souvent racontées par Marcel Pagnol à ses amis. Les choses se sont-elles réellement passées ainsi ? Contrairement à beaucoup, qui trouvaient l'histoire trop belle pour être vraie, cela me paraît assez probable. Marcel enjolivait, il ne mentait pas. De même que ses colères n'étaient pas feintes, mais jouées, de même sa relation d'un fait n'était pas inventée, elle était admirablement mise en scène. Il pratiquait en somme ce qu'on pourrait appeler le « mensonge provençal », qui consiste, par un infime coup de pouce donné au réel, à dégager la vérité poétique des choses ou des gens, et qui est aussi différent du banal et vulgaire mensonge que la générosité est différente de la prodigalité, ou la sainte illusion de la hideuse hypocrisie.

Quoi qu'il en soit, *la Gloire de mon Père*, et *le Château de ma Mère* furent publiés un an plus tard, à quelques mois d'intervalle, en novembre 1957 et en avril 1958.

Mais, déjà, Marcel savait qu'il n'en avait pas fini avec ses souvenirs.

Quand il eut écrit la dernière page du *Château de*

ma Mère, il s'aperçut en effet qu'il n'avait évoqué qu'une partie de son enfance, la première, celle qui l'avait conduit à la veille de son entrée au lycée.

Ces années de lycée, si tristes, si pauvres, si vides pour certains, et au contraire pour lui si belles, si riches, si lumineuses, d'où tant de ses œuvres étaient sorties, ne pouvaient pas ne pas entrer dans son livre. Il lui faudrait donc leur consacrer un troisième volume. Une fois de plus, comme *Marius* avait engendré *Fanny*, puis *César*, il se trouvait engagé dans une trilogie.

Il était d'autant plus enclin à continuer son livre que peu à peu il venait de découvrir un phénomène qu'il ne connaissait pas : c'est qu'avec l'éloignement du temps, les êtres réels se transforment en personnages. Et dans le récit qu'il fait des scènes vraies, le mémorialiste prend autant de plaisir que le romancier qui laisse courir son imagination, il est d'une certaine manière aussi libre. Pagnol l'a noté lui-même dans un projet de préface qui n'a pas été publié.

« *Dans les pages qui vont suivre*, écrit-il, *je ne dirai de moi ni mal ni bien : ce n'est pas de moi que je parle, mais de l'enfant que je ne suis plus. C'est un petit personnage que j'ai connu, et qui s'est fondu dans l'air du temps, à la manière des oiseaux qui disparaissent sans laisser de squelette. De plus, il n'est pas le sujet de ce livre, mais le témoin de très petits événements.*

« *J'espère donc que le lecteur ne trouvera dans ce récit nulle trace de cabotinage...* »

Il commença donc ce troisième tome, qui devait avoir pour titre — peut-être en souvenir de son cher Dickens — *les Grandes Amours*, titre qui se modifiait légèrement à quelque temps de là pour devenir *les Belles Amours*.

Au début, ainsi qu'en témoigne une de ses notes, Marcel pensa qu'il n'aurait pas grand-chose à raconter.

« *Le Château finit à la veille d'entrer en* 6e, *à dix ans.*
« *Que se passe-t-il en* 6e, *en* 5e ?
« *Rien, ou pas grand-chose.*
« *Les mêmes vacances, avec Lili.* »

Puis, à mesure que les contours de l'ouvrage se dessinaient, il fit un plan, fort simple lui aussi :

« *Plan général :*
« *Les vacances après le Château.*
« *L'Aventure d'Isabelle. Entrée au lycée.*
« *Histoire de Lagneau* (*retenues*).
« *Rencontre d'Yves.* »

Et peu à peu, le phénomène qui s'était déjà manifesté pour son premier volume se reproduisit. Les personnages arrivèrent, les épisodes prirent de l'importance, les chapitres se succédèrent. Au lieu d'être trop mince, comme il l'avait craint, le récit devint trop long pour constituer un seul volume. Quand Pagnol voulut le publier, il s'aperçut que les deux premières notes de son plan, par leur développement, formaient déjà un livre plus important que les deux précédents. Il fallut dédoubler *les Belles Amours*. La trilogie devenait une tétralogie. Il chercha encore une fois deux titres qui se correspondent. Comme il avait toujours eu le don des titres, il n'eut pas à chercher longtemps. Le premier, *le Temps des Secrets*, fut publié en juin 1960. A la dernière page, il annonçait la suite et fin des *Souvenirs*, qui s'appelleraient *le Temps des Amours*.

***

Pour *le Temps des Amours*, Marcel Pagnol disposait de tous les souvenirs des années qu'il avait passées au lycée Thiers de Marseille.

Il y était entré en 1905, à l'âge de dix ans, pour y faire sa classe de sixième. Il y avait fait toutes ses études, redoublant sa classe de quatrième, jusqu'au baccalauréat. Quand la guerre éclata, il venait de terminer son hypokhâgne, c'est-à-dire la première année de préparation à l'École normale supérieure.

Plusieurs de ses condisciples étaient devenus ses amis, et le restèrent toute sa vie. Nous en retrouvons ici quelques-uns. Deux d'entre eux devinrent médecins : ce sont Fernand Avérinos, qui exerce encore à Marseille et dont le portrait savoureux nous est donné au premier chapitre sous les traits de l'externe Mérinos — et Yves Bourde, dont Marcel décrit de façon si touchante la rencontre au chapitre 7, sous le nom d'Yves Bonnet, et qui fonda avec lui la revue *Fortunio* en 1913. Tous les deux sont d'ailleurs cités également dans sa préface aux *Éléments d'une thermodynamique nouvelle*. Le troisième, qui apparaît sous son nom véritable au chapitre 6, n'était autre que le grand écrivain Albert Cohen.

L'histoire de la rédaction du *Temps des Amours* se déroula en deux temps.

Dans un premier temps, Marcel entreprit de raconter, selon son habitude de travail, c'est-à-dire en commençant par des esquisses de quelques pages qu'il développait ensuite plus longuement, les épisodes les plus saillants de cette vie scolaire.

Il fit ensuite un plan, dès que l'ouvrage put s'organiser, plan dans lequel il se borne d'ailleurs à suivre la chronologie.

« *1 — Le pantin,*
« *2 — La boule puante,*
« *3 — Les Amours de Lagneau,*
« *4 — Rencontre d'Yves,*
« *5 — Les vacances. Rencontre du Fou.*
« *6 — Blanchette, Madame Lutin.* »

Ce dernier chapitre, dont nous aurons à reparler, n'a pas été retrouvé, et il n'a sans doute jamais été écrit. Tous les autres, ainsi que des chapitres non mentionnés dans ce plan mais qui figurent dans d'autres notes, sont ceux que l'on a pu lire dans cette édition.

Six d'entre eux (les chapitres 2, 3, 5, 6, 7 et 8) ont été à l'époque confiés par Marcel à certains journaux qui les publièrent en totalité ou en partie.

Les quatre autres, pour des raisons différentes, demandent quelques mots d'explication.

L'histoire de la *Société Secrète* appartient à l'année de sixième, c'est même la première scène que Marcel ait rédigée, aussitôt après avoir écrit sa description de l'entrée au lycée. Elle aurait donc dû prendre place dans *le Temps des Secrets.*

La Partie de boules de Joseph devait figurer dans un chapitre de vacances, sans que l'auteur ait décidé clairement s'il se situerait à la fin de la classe de 6e ou de 5e. Mais il est possible également que Marcel ait eu d'autres idées au sujet de ce chapitre, dont le titre se retrouve dans une liste de *Contes et Nouvelles* qu'il comptait écrire — et qui, malheureusement, n'ont pas été rédigés.

L'histoire des *Pestiférés*, en revanche, ne serait probablement pas restée dans l'édition définitive. Cet épisode de la peste à Marseille, plein de couleur, de sagesse et de vie, avait beaucoup plu à Marcel Pagnol, qui le raconta plusieurs fois à ses amis sans que ceux-ci puissent deviner qu'il l'avait écrit. En fait, il l'avait bien écrit, non seulement une fois, mais deux. Une première fois pour entrer dans *le Temps des Amours*, et tout le récit était alors placé dans la bouche de Monsieur Sylvain, le fou que Marcel et Yves rencontrent au chapitre 8. Puis, comme cette description de la petite communauté sauvée par le courage et l'intelligence d'un médecin l'avait enchanté, il en fit une seconde version, plus développée, dont il pensa faire une œuvre séparée. Le titre des *Pestiférés* se retrouve en effet dans une liste d'œuvres complètes datant de 1962, où il devait occuper un des derniers volumes, associé au *Manon Lescaut* dont nous avons déjà parlé.

L'ouvrage aurait d'ailleurs comporté une conclusion bien différente, que nous connaissons par les récits qu'en faisait Marcel, et qu'il n'a pas rédigée. Ayant échappé à la mort, ses pestiférés commençaient à mener si joyeuse vie que les habitants d'Allauch les chassaient. Ils se réfugiaient alors dans la fameuse « grotte des Pestiférés » où ils étaient exterminés par les villageois.

A quelques années de distance, n'est-il pas amusant de constater que trois grands écrivains du Midi, Camus, Giono et Pagnol, ont trouvé à peu près la même façon de nous dépeindre les grands cataclysmes de l'Histoire et les réactions des hommes devant eux?

Plus curieux encore est le cas du chapitre 10, intitulé *les Amours de Lagneau*. La version que nous en donnons ne date pas en effet de ces années 1959-1962, où furent écrits tous les autres morceaux du *Temps des Amours*. Elle remonte beaucoup plus haut, à l'année 1919, et elle a été retrouvée par miracle dans un de ces petits cahiers d'écolier sur lesquels Marcel Pagnol, professeur d'anglais, notait avec soin les devoirs et les leçons qu'il donnait à ses élèves, ses corrigés de thèmes et de versions, les résultats des compositions, etc. Or, toutes les péripéties et l'intrigue de cette petite aventure correspondent exactement à celles qu'il indique dans ses notes en 1960, et aux deux ou trois débuts de rédaction qu'il en fait alors.

Ainsi découvrons-nous avec surprise que, quarante ans auparavant, Marcel Pagnol avait déjà imaginé d'écrire la « geste » de Lagneau, personnage dont le nom apparaissait déjà, si on le cherche bien, dans son petit roman de jeunesse *Pirouettes*, paru en 1933 chez Fasquelle, et où il rassemblait deux nouvelles publiées dix ans plus tôt dans *Fortunio*, *le Mariage de Peluque* et *la Petite Fille aux yeux sombres*. Il s'agissait donc bien, dès cette époque, de ses souvenirs, puisque le titre général qu'il avait adopté était *Mémoires de Jacques Panier*.

Mais, pour Marcel Pagnol, un manuscrit en cours est un manuscrit en mouvement. Il n'a pas reçu la forme définitive. L'auteur est libre de le modifier jusqu'à la dernière minute, et même au-delà, puisque si l'édition a eu lieu, une nouvelle édition peut permettre de le remanier.

Les choses en étaient donc là, c'est-à-dire que *le Temps des Amours* était pratiquement terminé, quand Marcel eut tout à coup une nouvelle idée. Il venait de constater quelque chose qui le préoccupait. Tout ce qu'il avait écrit comportait beaucoup plus de portraits de camarades, de professeurs et de parents que de scènes amoureuses. En somme, plus que *le Temps des Amours*, il avait fait le Temps du Lycée.

Dans un deuxième temps, il envisagea donc de refondre complètement *le Temps des Secrets* et *le Temps des Amours*, d'en « distribuer » en quelque sorte le contenu d'une manière différente. Il supprimerait dans *le Temps des Secrets* l'histoire d'Isabelle, première rencontre et premier amour à l'âge de dix ans, et organiserait la composition du *Temps des Amours* autour de trois épisodes principaux qui seraient celui-là, celui des amours de Lagneau, et celui de Blanchette, dans lequel il raconterait sa première expérience amoureuse véritable.

D'où les notes assez nombreuses où nous le voyons faire ainsi basculer plusieurs chapitres d'un tome à l'autre, comme celle-ci :

« *Dans* le Temps des Secrets, *l'histoire d'Isabelle occupe 150 pages.*

« *Il faut les remplacer par l'Affaire des Pendus et la Tragédie de Lagneau, et peut-être le concours de boules et Parpaillouns.*

« *Isabelle sera dans* le Temps des Amours, *avec Lagneau, Blanchette et Pomponnette.* »

Certes, le premier volume était déjà publié. Mais Marcel ne s'embarrassait pas pour si peu. Autre note :

« Le Temps des Amours *devrait commencer par*

Isabelle. Ce sera l'édition définitive. Dans l'édition ordinaire, je commencerai par Lagneau. La suite ce sera Blanchette, puis Madame... Yves et Rose? Au début, Yves et M. Sylvain; Zizi; Poésie. »

Mais l'artiste propose, et l'art dispose. En dépit de toutes ces belles résolutions, nous n'allions connaître ni l'édition ordinaire ni l'édition définitive. A quelque temps de là, Marcel se détachait de ses *Souvenirs* aussi brusquement qu'il s'y était plongé, entreprenait d'autres travaux, et envoyait gentiment mais fermement promener tous ses amis, chaque fois que ceux-ci le suppliaient de terminer *le Temps des Amours.*

***

Les chemins de la création sont bien mystérieux. Pourquoi Pagnol a-t-il soudain abandonné son livre, après en avoir annoncé lui-même la publication à plusieurs reprises, et alors qu'il en avait écrit la plus grande partie?

Il doit y avoir plusieurs réponses à cette question.

La première fut un scrupule. Il avait décidé, nous l'avons vu, de conclure *le Temps des Amours* par le récit de sa première aventure amoureuse réelle. Or, s'il n'avait pas du tout écrit son livre pour les enfants, Marcel avait été très frappé de voir combien *la Gloire de mon Père* et *le Château de ma Mère* avaient eu de jeunes, de très jeunes lecteurs. Il avait reçu de ses amis, de ses confrères, des critiques, de nombreuses lettres d'admiration. Mais il avait reçu aussi, par milliers, des lettres d'enfants. Ceux-ci lui écrivaient sans cesse, de tous les coins de France, seuls, ou avec leurs parents, ou par classes entières, pour lui demander si telle anecdote était vraie, ou tel personnage réel. L'idée que sa conclusion puisse choquer leur pudeur lui déplaisait, et il opposa souvent cet argument à ceux qui le pressaient de l'écrire.

La seconde raison est qu'il eut envie de penser — et de travailler — à autre chose. Contrairement à beaucoup d'écrivains, il n'aimait que la nouveauté, parce qu'elle est plus difficile. C'est d'ailleurs pourquoi ses échecs ne l'affectaient pas. Ils éveillaient sa curiosité. Il aimait les analyser, en étudier les causes. Tandis que les succès le lassaient vite.

De fait, à peine a-t-il publié *le Temps des Secrets* que nous le voyons reprendre la version romancée de *Manon des Sources*, qu'il avait abandonnée en 1956. Il lui ajoute *Jean de Florette* et tous deux formeront *l'Eau des Collines*, qui paraîtra en novembre 1962 et mars 1963.

C'est vers cette époque également que, mis en appétit par ses *Souvenirs*, il commence à rédiger les longues préfaces dont nous avons parlé plus haut, et à reprendre toute une série d'articles sur le cinéma qu'il complétera et publiera sous le titre de *Cinématurgie de Paris*. L'ensemble constitue bien évidemment une suite des *Souvenirs*, évoque ses années de jeunesse ; ce sont ses Mémoires de dramaturge et de cinéaste. Il les destine à ses *Œuvres complètes*, dont il vient une nouvelle fois de faire le plan, et qu'il commence à publier à partir de 1962.

La publication et le succès des *Souvenirs* ne sont d'ailleurs probablement pas étrangers à ce projet d'*Œuvres complètes*, car Marcel Pagnol devine maintenant, il sent qu'il vient d'écrire son chef-d'œuvre. Mais le projet lui-même éclaire d'un jour singulier son tempérament d'écrivain. Car ce tempérament est double.

D'une part il ne considère jamais quelque chose comme terminé. Il n'est pas de ces artistes qui croient avoir gravé dans le marbre. Le théâtre et le cinéma lui ont appris qu'on peut toujours, selon le public, modifier un plan, réduire une scène, ou l'augmenter, et il n'a jamais oublié cette leçon. Il existe au moins cinq ou six versions différentes de *Marius*, et nous avons vu qu'il s'apprêtait à reprendre complètement *le Temps des Secrets* et *le Temps des Amours*. En revanche, modeste et orgueilleux tout à la fois, il se fait une très haute idée de l'œuvre littéraire, et c'est pourquoi la notion d'*Œuvres complètes* le ravit.

L'idée est d'ailleurs très ancienne chez lui, elle remonte à sa prime jeunesse. On peut en retrouver une douzaine de plans différents, datant de diverses périodes de sa vie, et témoignant des projets qu'il formait alors. Le plus amusant de ces plans est le premier, qui fut rédigé quand il avait une vingtaine d'années. Il ne comprend pas moins d'une trentaine d'œuvres, dont aucune, à l'exception de *Catulle* et de ses *Poèmes*, n'était encore écrite, et qui ne le furent jamais. Mais l'assurance ne lui manquait pas. Si bien qu'on pourrait affirmer, sans paradoxe, que s'il a tant travaillé depuis sa jeunesse, c'était pour avoir un jour le plaisir de publier ses *Œuvres complètes*.

Enfin, le dernier obstacle sur lequel vint se briser *le Temps des Amours* fut un projet déjà ancien, lui aussi, qu'il reprit et auquel il sacrifia peu à peu tout le reste : c'est *le Masque de Fer*. La vieille énigme, tarte à la crème des magazines de vulgarisation historique, passionna de plus en plus Marcel : transformé en juge d'instruction, il dépouillait les archives, confrontait les témoignages, lisait tous les livres, échafaudait avec délices des hypothèses nouvelles. Elle consternait au contraire ses amis, que les malheurs du pauvre embastillé laissaient de glace et qui, pensant à tout ce qu'il leur faisait perdre, commençaient à regretter sérieusement que Louis XIV n'ait pas usé à son égard d'une justice plus expéditive.

Quand Marcel, après avoir publié son étude, annonça aussitôt qu'il en commençait une seconde, amplement revue et corrigée, avec de nombreuses révélations inédites et stupéfiantes, ils ne purent lui cacher leur déception. Rien n'y fit. Marcel, qui adorait faire enrager ses amis, affirmait alors, avec cet aplomb imperturbable dont il avait le secret :

— Dans un siècle, s'il ne doit rester qu'un livre de moi, ce sera celui-là.

Toujours est-il que pendant dix ans il vécut encore avec son cher *Masque de Fer*.

La dernière fois que nous parlâmes ensemble du *Temps des Amours*, ce fut un soir de janvier, au début de l'année 1974. Il revenait d'un bref séjour au « Domaine », près de Cagnes. La fatigue ne le quittait plus. Le jour était gris, le salon humide et un peu froid, et dans le grand divan où il s'était assis, il avait l'air d'un enfant qu'on a laissé à la maison et qui est triste.

— Cette fois, me dit-il, c'est promis, je te donnerai *le Temps des Amours* au printemps. D'ailleurs, je n'ai pas à l'écrire, je n'ai qu'à monter le chercher, il est fait.

Le lendemain, il entrait à l'hôpital Américain, pour y subir des examens. Il en revint trois jours après, excité comme un diable, disant qu'on survivait quelquefois à la maladie, jamais aux médecins, se coucha, se mit à résoudre des équations, fuma force cigarettes, embrassa sa femme, et mourut.

***

Quand tout fut achevé et qu'il eut rejoint à la Treille le petit cimetière où il repose, à côté de la Bastide-Neuve, et non loin du « Château de ma Mère » qui n'était pas le château de sa mère, nous n'avions pas tellement envie de penser à l'œuvre de Marcel.

Pour le public, rien n'avait changé. Ses livres se vendaient toujours autant, ses films, ses interviews repassaient à la télévision ; il était même extraordinairement présent. Par la magie du cinéma, nous pouvions vérifier souvent le miracle dont il avait parlé, celui de la petite lampe « qui rallume les génies éteints, qui refait danser les danseuses mortes, et qui rend à notre tendresse le sourire des amis perdus ».

Mais pour nous, ses amis, il en allait un peu autrement. Nous savions que nous ne pourrions plus téléphoner à six heures du soir, pour lui dire que nous allions passer le voir, ni l'écouter pendant des heures, nous pensions à tant de soirées joyeuses, à son accueil, à ce sourire que la maladie n'altéra jamais. Le poignant « jamais plus » de la mort — qui tire sa force terrible de ce qu'il n'est pas une idée abstraite ou un sentiment général, mais de ce qu'il se réveille à chaque instant, à propos de mille détails de la vie quotidienne — nous étreignait, et faisait autour de lui comme un grand silence.

Cependant, au bout de quelques mois, je voulus en avoir le cœur net. Marcel avait-il dit vrai, ce soir de janvier, en affirmant que son livre était pratiquement terminé ?

Jacqueline, sa femme, son frère René en doutaient.

— Vous savez, me dirent-ils, il a peut-être voulu simplement vous faire plaisir.

Il n'y avait qu'un moyen de le savoir, et nous sommes donc retournés dans le bureau de Marcel. Ce n'était pas un mince travail, car il était aussi désordonné que conservateur. Et peu à peu nous découvrîmes tout, l'admirable récit des *Pestiférés*, qu'il nous avait raconté et dont nous nous désolions qu'il ne l'ait pas écrit, et les morceaux qu'il avait publiés dans des revues, et ceux dont il n'avait jamais parlé à personne. Alors nous avons retrouvé ses notes, ses plans, ses brouillons. Alors, des chapitres entiers se reformant, nous vîmes le livre se composer sous nos yeux. Et nous sûmes que Marcel n'avait pas menti.

***

Faut-il publier les œuvres posthumes ? C'est-à-dire des œuvres que leurs auteurs auraient encore beaucoup modifiées, complétées, améliorées, s'ils en avaient eu le temps.

Il y a encore des gens pour en douter. C'est oublier tout ce que nous aurions perdu alors, à commencer par *l'Énéide*, que Virgile avait expressément demandé à ses amis de brûler parce qu'il n'avait pu y mettre la dernière main. Jusqu'au *Temps retrouvé* que Marcel Proust n'avait pas non plus corrigé.

Il faut toujours, bien entendu, publier les livres posthumes. Même quand il s'agit de livres mineurs, et qui n'ont d'autre mérite que d'ajouter quelque chose à notre connaissance d'un écrivain. Et à plus forte raison s'ils ajoutent quelque chose à son œuvre.

Tel est bien, sans aucun doute, le cas du *Temps des Amours*. Ce dernier tome, en dépit de ce qui lui manque, contient quelques-unes des plus belles pages de Marcel Pagnol, les plus émouvantes, les plus drôles, de cette prose succulente et si limpide à la fois, marquée de la simplicité du génie, de son évidence, de son éclat, et qui nous permet, dans le silence de la lecture, d'entendre comme l'accent de son esprit.

Elles nous valent aussi un certain nombre de découvertes captivantes sur l'art de l'écrivain.

L'ancienneté du thème tout d'abord. Presque tout ce qui se déploie ensuite dans la création de toute une vie était contenu en germe dans ses premières années. Comme il est amusant de voir apparaître le petit Lagneau et ses amours dans un écrit d'adolescent, et de comprendre que ces *Souvenirs*, en apparence accidentels, rédigés dans l'enthousiasme par un homme de soixante ans, étaient en fait une œuvre — et un genre — qu'il portait en lui depuis toujours.

Mais si le thème est très ancien, la forme au contraire n'a cessé, chez lui, de s'enrichir. Il suffit de comparer le dernier chapitre, dû à un jeune homme de vingt-cinq ans et où brillent déjà tant de qualités naturelles, la fantaisie allègre, la cocasserie, l'humour juvénile, une imagination jaillissante, à tous les chapitres qui le précèdent, pour mesurer la distance qui le sépare de la maîtrise ultérieure, de l'extraordinaire netteté du style qu'il s'est forgé par la suite. Il n'y a pas de progrès en art. Il y a un progrès chez les artistes.

Enfin, rien ne montre mieux que ce *Temps des Amours* combien le génie de Pagnol était avant tout un génie réaliste. Les choses, les gens, les scènes qu'il aime décrire sont toujours ceux de la vie. Qu'il reproduise le discours d'un excentrique ou raconte les mésaventures de ses lycéens, c'est toujours pour décrire ce qui fut, pour rendre hommage à ce qui est. Il l'a noté lui-même, dans une de ces « pensées » qu'il lui arrivait de recueillir en marge de ses cahiers et qui est presque une profession de foi de toute son œuvre :

« *J'aime beaucoup de gens, et ceux que je n'aime pas m'intéressent. Je préfère un homme ou une femme à un paysage, si beau soit-il.* « *Rien d'humain ne m'est* « *étranger* », *a dit Térence. J'ajouterai :* « *Rien d'inhumain* « *ne m'est proche.* »

« *Si j'avais été peintre, je n'aurais fait que des portraits.* »

Ces brèves remarques n'ont pas pour but d'ajouter une petite étude littéraire à une œuvre qui s'en passe fort bien. Elles visent seulement à réparer une injustice et à indiquer une direction. Chez Pagnol, le succès a longtemps masqué le talent, le personnage a caché l'écrivain. Depuis sa mort, c'est surtout lui qu'on s'est attaché à évoquer, pour recueillir ses anecdotes et tant de traits pittoresques qui faisaient son charme. Ce Pagnol-là a existé, il est excellent de ne pas l'oublier, il fait partie de la légende des lettres, où il a pris place, comme dans un musée de cire, assis au *Bar de la Marine*, avec ses amis Vincent Scotto, Raimu et Tino Rossi, prêt à commencer une manille. Mais il y a un autre Pagnol, et une autre partie commence maintenant pour lui, où il retrouve Rabelais, La Fontaine et Molière. Le moment est peut-être venu de parler de lui. Et en étudiant Marcel Pagnol, de le reconnaître pour ce qu'il fut : un véritable et très grand écrivain français.

Éléments d'une thermodynamique nouvelle (Préface, 1930)

Quand on a pris une décision, on est tout heureux, tout léger : mais c'est difficile, de fixer son choix, et de maîtriser sa propre vie. Pour moi, maintenant, c'est fait.

Topaze, *Marius* et *Fanny* sont écrits, et mis au point dans la mesure de mes moyens : je quitte la scène, parce que j'ai quelque chose à faire depuis longtemps, et que je n'ai jamais eu le temps de le faire. Je tiens à le dire au lecteur, et à lui donner mes raisons.

***

J'ai reçu une instruction littéraire, j'ai fait mes « humanités », comme tout le monde. C'est-à-dire qu'à vingt-cinq ans je possédais un certain nombre de diplômes universitaires, je pouvais lire dans le texte Homère, Virgile, Goethe, et Shakespeare. Mais je croyais, en toute bonne foi, que le carré de trois, c'était six.

J'avais, évidemment, suivi au lycée des cours de mathématiques et de sciences : mais c'étaicnt des cours à l'usage des « littéraires », des cours tronqués, sommaires, et qui glissaient sur les raisonnements pour aboutir à des formules, parce que nous étions incapables de suivre les raisonnements, et qu'au surplus nous n'avions pas le temps, en deux heures par semaine, d'apprendre toute la géométrie, l'algèbre, l'arithmétique, la physique, la chimie et l'astronomie. Notre bon maître, qui s'appelait M. Cros, et qui nous vendait (à perte) des cours polycopiés, avait pour nous beaucoup de tendresse et beaucoup de mépris. Lorsqu'il nous expliquait quelque belle formule, il nous disait : « Je ne puis pas vous expliquer comment on y arrive, vous ne comprendriez pas ; mais tâchez de la retenir par cœur. Je vous assure qu'elle est exacte, et qu'elle a des bases solides. » En somme, ce n'était pas un cours de science : c'était un cours de religion scientifique, c'était une continuelle révélation de « mystères ».

Voilà pourquoi, dix ans plus tard, j'ouvris un jour un livre de physique ; voilà pourquoi je le lus tout entier.

***

Quelquefois, lorsqu'un élève lui posait une question, M. Cros essayait une explication ; mais rapide, légère, déformée : sans entrer dans le vif du sujet, et comme un homme bien élevé qui est forcé de raconter une histoire obscène devant des dames. Il « gazait ».

Parmi ces formules qu'il nous donnait, certaines étaient ravissantes. Il déclamait, du haut de son estrade :

« La circonférence est fière
D'être égale à $2\pi R$,
Et le cercle est tout joyeux
D'être égal à πR^2. »

Et il souriait. Comme pour dire : « Puisque vous êtes des « littéraires », je vous donne de la poésie ».

Après un pareil poème, il nous regardait, joyeux et ravi, comme pour dire : « Hein ? Vous ne le connaissiez pas, celui-là ? » Et toute la classe, étonnée par la fierté de la Circonférence, et gagnée par la joie complète du Cercle, exprimait son admiration par de longs mugissements.

M. Cros frappait alors sa chaire au moyen d'un énorme compas de bois, et disait : « Voyons, messieurs, ne méprisez point la Muse, quand elle vient en aide à la Science. »

Il disait aussi :

« Le volume de la sphère,
Quoi que l'on puisse faire,
Est égal à $\frac{4}{3}$ πR^3. »

Il prenait un temps — un temps de vingt secondes.

Il regardait la classe, depuis Yves Bourde jusqu'à Avérinos. Puis, à mi-voix, l'index levé, l'œil mi-clos, il ajoutait :

« La sphère fût-elle de bois. »

Il donnait une grande importance à ce vers final ; et il le lançait avec une sorte de sévérité triomphale. Mais il ne s'adressait plus à nous : il parlait à la Sphère Elle-même. Il la prévenait, il l'avertissait ; de quelque subterfuge qu'elle usât, et quelque grande que fût sa mauvaise foi ; en quelque matière qu'elle se transformât, à la manière de Protée ; qu'elle fût pleine, creuse, lourde ou légère, d'acier ou de graphite, de craie, de manganèse, de cuivre, de plâtre, ou de zinc étamé ; et même (suprême refuge) « *fût-elle de bois* », elle n'échapperait pas à l'implacable formule où la géométrie l'avait enfermée : elle était prise, mesurée, vaincue, rien qu'en pressant la gâchette de cette arme terrible : $\frac{4}{3}\pi R^3$ — Fût-elle de bois.

Elle, ronde et dodue, on couchait son cadavre sur une page plate, rien qu'en pressant la gâchette de cette arme nickelée :

$$\frac{4}{3}\pi R^3,$$

FUT-ELLE DE BOIS.

Après ce triomphe, M. Cros prenait un autre temps. Son visage se détendait ; puis, débonnaire, conciliant, généreux, et roulant les r avec moins de férocité, il ajoutait :

— On peut dire aussi :

« Quand bien même elle serait en bois ».

Et il prononçait : « boa ».

***

Les cours de Physique et Chimie étaient faits par M. Oneto.

Il avait une petite barbiche noire, il ressemblait à Méphistophélès, mais en beaucoup plus jeune ; il avait beaucoup d'autorité, et une grande bonté.

Comme M. Cros, il roulait les r ; comme M. Cros, il avait pour nous une sorte d'affectueux mépris.

Un programme parfaitement imbécile exigeait qu'il enseignât, en cent cinquante leçons, toute la Physique et toute la Chimie à des gaillards qui ne savaient pas résoudre une équation du premier degré, et qui lui arrivaient en droite ligne du cours de Philosophie : c'est-à-dire complètement écrémés par Berkeley, Fichte-grain-de-sable, l'impératif catégorique, le Pragmatisme, Auguste Comte et Baralipton.

Alors, avec beaucoup de patience, et pour amuser les grands idiots que nous étions, il nous faisait des expériences. Lorsque je pense à ces classes de sciences, je vois un morceau de fil de fer qui brûle dans un bocal d'oxygène ; une lampe à mercure qui verdit la barbe, pourtant si noire, de M. Oneto ; une éprouvette qu'il secoue, en disant : « Vous allez voir : ça va tourner au bleu » (et ça tourne au rouge le plus vif) ; enfin, je vois — apothéose de mes classes de physique — un morceau de sodium affolé qui tire des bordées foudroyantes à la surface d'une sorte de pot de chambre, et qui jette des éclairs subits, avec des crachotements irrités, au sein d'un incendie sous-marin.

***

Les poésies épiques de M. Cros et les pétaradantes prestidigitations de M. Oneto me permirent de passer mon baccalauréat, sans rien comprendre aux mathématiques ni à la physique. Mais ces deux bons maîtres m'avaient appris, à mon insu, la seule chose qu'ils pouvaient m'apprendre et qui était la capitale : ils m'avaient appris le désir d'apprendre.

Table

Achevé d'imprimer le 2 novembre 1978
sur presse CAMERON,
dans les ateliers de la S.E.P.C.
à Saint-Amand-Montrond (Cher)
pour le compte de France Loisirs
123, boulevard de Grenelle, Paris

Dépôt légal : 4e trimestre 1978.
N° d'Édition : 3956. N° d'Impression : 796.

Imprimé en France